신탁 콤플렉스

신탁 콤플렉스

신화와 전설로 읽는
한국 사회의 불안과 점복 문화

지은이 / 조현설
펴낸이 / 강동권
펴낸곳 / ㈜이학사

1판 1쇄 발행 / 2024년 1월 22일

등록 / 1996년 2월 2일 (신고번호 제1996 - 000015호)
주소 / 서울시 종로구 율곡로13가길 19-5(연건동 304) 우 03081
전화 / 02 - 720 - 4572
홈페이지 / ehaksa.kr
이메일 / ehaksa1996@gmail.com
인스타그램 / instagram.com/ehaksa_
페이스북 / facebook.com/ehaksa · 트위터 / twitter.com/ehaksa

ⓒ 조현설, 2024, Printed in Seoul, Korea.

ISBN 978-89-6147-440-5 03380

신탁 콤플렉스

신화와 전설로 읽는
한국 사회의 불안과 점복 문화

조현설 지음

이학사

여는 말

　　콤플렉스komplex/complex는 지그문트 프로이트와 카를 구스타프 융 등이 활용하기 시작한 심리학적 개념이다. 일본의 융 학파 분석가인 가와이 하야오는 융이 처음에는 '감정으로 물든 복합체gefühlsbetonter komplex'로 부르다가 나중에 줄여서 콤플렉스라고 했다고 한다. 따라서 콤플렉스를 심리적 복합체, 혹은 복합심리 등으로 번역할 수도 있겠다. 하지만 외래어 콤플렉스가 이미 학술어로 통용되고 있으므로 이 책도 통례를 따랐다.

　　근래 드라마나 법정으로 간 사건들을 통해 크게 문제시되고 있는 학교폭력 현상이 있다. 폭력의 피해자들은 대부분 대인기피증, 학교공포증과 같은 심리적 문제를 겪는다. 사람들과의 접촉이 두려워 외출하지 못하거나 학교 근처에만 가면 식은땀이 나는 등의 신체적 무기력을 경험한다. 우리가 노이로제나 히스테리, 또는 공포증phobia이라고 부르는 현상들이 모두 이와 관계가 있다. 우리는 누구나 다소간의 심리적 문제를 지니고 있지만 그런 문제들을 다양한 경로를 통해 보완하면서 잘 살아간다. 하지만 일상생활을 영위하기 어려울 정도로 그 증상이 심각할 때 콤플렉스라는 이름이 따라붙는다.

일찍이 프로이트가 명명한 오이디푸스 콤플렉스를 비롯하여 엘렉트라·신데렐라·피터 팬·돈 후안·슈퍼맨 콤플렉스 등 학술적으로 등록된 콤플렉스의 목록은 서른 개가 넘는다. 콤플렉스 이론은 국내에도 수입되어 평강공주·콩쥐·계모(후처) 콤플렉스 등으로 변형되어 설화나 소설의 해석에 원용되었다. 콤플렉스의 시각으로 보면, 『심청전』의 심청에게서는 반드시 자신을 희생해야만 한다고 병적으로 확신하는 희생양 콤플렉스가 보일지도 모른다. 콤플렉스는 이제 정신분석학 혹은 분석심리학 분야에서보다 문학비평에 더 많이 쓰이는 상투적 개념이 되었다.

이런 콤플렉스투성이 상황에 '신탁 콤플렉스oracle complex'라는 개념을 하나 더 보태는 것이 과연 의미가 있을까? 대체 신탁神託이 어떻게 콤플렉스가 될 수 있다는 말인가? 이 개념이 이전의 무수한 콤플렉스 개념보다 마음의 무늬를 이해하고 문학 텍스트를 해석하는 데 더 유용할까? 이런 자문자답의 과정이 이 책을 만들었다. 이제 나의 자문은 이 책을 읽는 독자들의 질문이 될 것이다.

신탁 콤플렉스와 유사한 용어가 이미 등록된 콤플렉스 목록에는 없을까? 찾다 보니 '신 콤플렉스God complex'라는 개념어가 눈에 들어왔다. 어니스트 존스가 「응용정신분석학 에세이」(1923)라는 글에서 처음 사용한 말인데 자신의 오류나 실패 가능성을 부정하는 심리 상태를 설명하기 위해 고안한 개념이다. 이 개념은 '신 콤플렉스에 빠져 있는 지도자가 나라를 망친다'는 용법으로 쓰일 수 있다. 역사상 그런 인물이 적지 않았고, 지금도 존재한다. 교황무오설⁺이나 성서무오설⁺⁺에 대한 집단적 확신도 신 콤플렉스의 일종일 수 있겠다. 그러나 신 콤플렉스와 신탁 콤플렉스는 신神을 공유하고 있을 뿐 아주 다른 개념이다.

굿판에 앉아 있으면 굿의 말미에 무당이 공수를 내린다. 공수는 무당에게 실린 신의 말이 무당의 신체를 통해 표현되는 것이다. 교회 예배에 참석해보면 목사의 설교로 예배가 마무리되는데 설교를 케리그마κήρυγμα라고 부른다. 케리그마는 '전달자로서 선포하다'라는 뜻을 지닌 고대 그리스어 케륏소κηρύσσω에서 비롯된 말이다. 본래 예수를 신으로 섬기던 제자들의 전도나 설교를 뜻하던 말이니 공수와 크게 다르지 않다. 사제들의 말에 대한 믿음이 있는 사람들은 그들의 입에서 흘러나오는 신의 말, 곧 신탁에서 큰 위로를 받는다. 때로는 삶의 지침도 받고, 깨달음도 얻는다. 신과 신탁을 발명함으로써 인류는 여기까지 진화해왔다. 『네이처』 부편집장 출신인 니콜라스 웨이드는 종교의 기원을 진화심리학으로 설명하면서 이를 '믿음 본능The Faith Instinct'으로 설명하기도 했다.

그러나 신탁이 긍정적이기만 한가? 그렇다고 확언하기 어렵다. 어떤 종교든 적절한 거리를 유지하면서 신과 대화하고 신을 성찰한다면 신과 신자의 관계는 긍정적일 수 있다. 하지만 신의 부름, 혹은 신의 명령이라고 믿는 바를 절대화할 때 신탁은 권력이 되고 공포가 된다. 그렇게 되면 신의 이름으로, 신탁을 빌미로 삼아 다른 종이나 민족을 학살하게 되고, 자살 테러를 감행하는 힘도 얻게 된다.

⁺ 교황의 결정은 성령의 은혜로 보증되므로 오류가 있을 수 없다는 천주교의 교리.

⁺⁺ 기독교의 『성서』는 완전한 인류 구원의 지침이므로 오류가 있을 수 없다는 신학 이론.

신탁에 이끌려 일상을 버리고 가족도 버리게 된다. 신탁에 대한 두려움으로 비행기나 자동차 타기를 피하는 경우도 생긴다. 조상의 묘를 이장하고, 개명도 한다. 이삿날도 정하고, 혼삿날도 바꾼다. 덕분에 인터넷 공간에서는 도사·법사·무당·목사·타로마스터 등의 신탁업神託業이 성업 중이다.

아무개라는 나이 든 여성이 있었다. 그녀는 불의의 사고로 남편이 먼저 떠나자 불안감에 시달려 정상적인 생활을 할 수 없었다. 사정을 알게 된 60대 여무女巫가 "남편이 화를 품고 죽었기 때문에 구천을 떠도는 귀신이 되어 괴로운 것이니 굿을 해야 한다"라고 처방한다. 아주 흔한 굿 권유 담론이다. 그러나 굿은 한 번으로 끝나지 않았다. 굿을 오백여 차례 반복하면서 무녀는 수십억 원에 이르는 굿값을 챙겨 갔다. 이 정도로 무당의 신탁에 매달렸다면 굿 의뢰인은 신경증적 불안에 시달리는 환자라고 봐야 하지 않을까? 불안해서 굿을 하고, 굿 때문에 더 불안해지는 콤플렉스에 빠진 것이다.

아무개라는 청년이 있었다. 대학 캠퍼스를 걷다가 심리테스트를 해주겠다는 선배의 제안을 받았다. 치열한 입시를 통과해 입학은 했는데 마음 나눌 친구도 선배도 없었던 스무 살, 미래에 대한 불안에 시달리던 청년은 선배와의 만남에서 큰 위안을 받았다. 일 년쯤 지났을 때 졸업을 앞둔 선배가 같이 성경 공부를 하지 않겠느냐고 했다. 거절할 수 없었다. 공부할수록 점점 선배의 조직에 빨려 들어갔다. 자식의 믿음이 달라졌음을 눈치챈 부모의 제재를 받게 되자 집을 나와버린다. 대학과 가족은 불안감을 해소해주지 못했으나 단체 안에 있으면 불안하지 않았다. 마침내 청년은 선배의 위치까지 올라갔고 다시 후배들을 포섭해야 하는 임무를 받는다. 임무는 점차 가중되었고, 목표를 달성하지 못했을 때는 비판에 시달렸다. 이제는 조직에서 배제되고, 신탁으로부터 소외될 것 같은 또 다른 불안이 엄습한다. 불안감이 신탁에 대한 의존을 불렀는데 신탁에 대한 의존이 불안을 가중시키는 악순환에 빠진다.

이런 심리 상태를 어떻게 설명해야 할까? 잘 알려진 무속신화 〈바리데기〉가 있다. 대왕의 명을 받은 시녀상궁은 길례吉禮의 택일을 위해 점바치를 찾아간다. 시주승의 말을 듣고 백일 불공을 드리기도 한다. 이 경우 점쟁이나 시주승의 입에서 나오는 말은 신의 말, 신탁이다. 이 신탁을 의뢰자가 어떻게 받아들이느냐에 따라 신탁은 힘을 발휘한다. 신탁을 혹신할 때, 부정적 신탁이 내려오면 신탁이 실현될까 두려워 도망치기도 한다. 오구대왕의 경우에는 신탁을 무시한다. 신탁이 무서워 도망친 것이 아니라 신탁을 무시한 행위가 결국 신탁으로부터의 도주가 된 경우이다. 그래서 내리 딸을 얻었고, 일곱째 딸 바리데기도 태어난다. 이 신화적 사건은 굿을 통해 반복적으로 재현되면서 신탁을 무시하지 말라는 경고로 작동한다. 이 경고가 강력한 도그마로 작용하면 신탁에 의존하는 심리 상태에 빠지게 된다. 나는 이런 복합적인 심리 상태를 설명하기 위해 신탁 콤플렉스라는 개념을 고안했다.

나는 심리학 연구자가 아니고 문학 연구자이다. 한국문학 가운데서도 구전되는 신화와 전설, 민담 등 옛이야기를 주로 다룬다. 긴 세월 구전되어온 옛이야기에는 한국인의 집합적 정신이 집약되어 있다. 오랫동안 이야기를 들여다보다가 옛이야기 안에 인간의 운명에 대한 이야기, 팔자나 미래를 점치는 이야기가 많다는 것을 발견했고 그 함의가 무엇인지 고심했다. 그 과정에서 신탁 콤플렉스라는 개념을 얻었고, 이 개념을 통해 우리의 신화와 전설을 재해석하여 우리의 집단무의식을 가늠해보려고 했다.

그러나 책을 집필하면서 책의 무게중심이 신탁 콤플렉스보다 반反신탁 콤플렉스 혹은 탈脫신탁 콤플렉스 쪽으로 기울고 있다는 새로운 발견을 했다. 신을 절대화하는 경향이 있는 서구의 정신사적 전통과 달리 우리 문화의 신은 유일하지도 절대적이지도 않기 때문이 아닐까 하는 생각을 했다. 우리 문화의 전통에서 신은 상수가 아니라 변수 가운데 하나일 뿐이다. 델포이의 신탁이 무서워 도망친 오이디푸스 부자와 점바치의 신탁을 무시한 오구 대왕의 차이도 그래서 생겼을 것이다. 우리의 신화와 전설은 종종 신탁 콤플렉스로 빠지지 않고, 그런 상태에 반발한다. 때로는 그런 상태로부터 빠져나간다. 따라서 '반/탈신탁 콤플렉스'를 이 책의 숨은 제목으로 불러도 무방할 것이다.

이 책은 2020년 서울대 대학원의 '한국 고전문학과 세계문학에 나타난 불안 연구' 세미나에서 비롯되었다. 신화적 불안에 관한 연구를 바탕으로 문학적 불안 일반에 대한 연구로 확장하려는 기획이었다. 이 세미나의 강의안이 이 책의 2-4장을 이루고 있다. 5장은 코로나 팬데믹을 성찰하기 위해 썼던 「질병의 불안에 대한 서사적·극적 처방전」을 이 책의 기획에 맞춰 수정한 것이고, 6장에서는 문제의식을 전설 양식까지 확장하여 분석했다. 세미나에 참여해 함께 토론했던 국문학과 대학원생들에게 고마움을 전한다. 아울러 원고를 읽어준 윤준섭·김준희·박성혜·이소윤

박사에게도 감사를 전한다. 책이 이만큼이라도 빚어진 것은 미세한 부분까지 교열을 해준 이학사 강민용 편집자 덕분이다.

독자들께서는 먼저 1장을 열어보시라. "여자 조심해!"로부터 촉발된 신탁, 그리고 신탁 콤플렉스는 나의 오랜 숙제였다. 이 책은 신화와 전설, 나아가 민요와 굿놀이 등에 스며 있는 신탁 콤플렉스를 탐구한 그 숙제의 첫 산물이다. 첫 숙제에서는 오이디푸스 콤플렉스로 규정된 오이디푸스 신화를 다른 시각에서 독해하려고 했고, 새로 명명한 신탁 콤플렉스를 통해 여러 옛이야기를 재해석해보려고 했다. 이 책이 여전히 우리를 미몽에서 헤매게 하는 신탁 콤플렉스에서 탈주하는 데 미력이라도 보탤 수 있으면 좋겠다.

2023년 12월
제주대학교에서 연구년을 보내며

조현설

1장 불안과 신탁,
혹은 신탁과 불안

여자 조심해!

1979년 가을 무렵이었을 것이다. 나는 서울 관악구 봉천동 산동네에 있는 작은 교회의 성가대 자리에 앉아 있었다. 고등학교 2학년이었다. 그때 교회는 부흥 집회를 하는 중이었고, 설교단에서는 유명했던 강 아무개 부흥사가 열변을 토하고 있었다.

그가 어떤 설교를 했는지 전후 맥락은 기억나지 않는다. 다만 그가 설교 도중 성가대석에 앉아 있던 나를 지목하면서 "여자 조심해!"라고 소리 질렀던 기억은 분명하다. 설교의 어떤 대목에서 여자 이야기가 나와 그런 말을 했는지 알 수 없지만 나는 그때 가슴이 철렁 내려앉는 충격을 받았다. 내가 그때 연애를 하고 있었기 때문에 그랬던 것은 아니다. 난 그저 여학생들에 대한 호기심이 좀 있는 평범한 고교생에 불과했다. 그런데도 나는 쇼크를 받았고, 여자를 조심하지 않으면 무슨 일이 일어날 것만 같은 불안감에 오랫동안 시달렸다. 왜 그랬을까?

"여자 조심해!"라는 명령을 친구에게 들었다면 웃어넘겼을 것이다. 심지어 선생님께 들었더라도 마음 깊이 새겨두지 않았을 것이다. 내가 충격을 받았던 이유는, 그 명령문이 신의 말씀을 대언한다고 말하는 목사의 입에서 나왔기 때문이다. 당시 나는 신학대학에 진학하려는 마음을 품고 있었을 정도로 독실한 기독교인이었다. 지금 돌이켜보면 웃고 말 일이지만 그때 부흥사는 신과 나 사이의 메신저라는 종교적 권위를 가지고 있었다. "여자 조심해"라는 말은 나에게 신탁神託의 일종이었다. 내가 받은 상처와 불안한 감각은 거기서 흘러나왔다.

긴 시간이 흐른 뒤 2014년 여름에 비슷한 경험을 했다. 학술대회 뒤풀이 자리에 당시 대학원에 다니고 있던 모 법사가 참석했다. 그는 의정부에서 일을 하고 있는 현업 무당이기도 하다. 같은 자리에 있던 홍 아무개 박사가 법사에게 "이 사람 좀 봐주세요"라며 억지로 부탁했다. 나는 손사래를 쳤지만 잠시 뒤 법사의 입에서 공수가 나왔다. "선생님은 길을 잘못 드셨는데요." 20대 중반 고등학교 교사로 출발하여 내내 공부 길을 걸어온 내게 길을 잘못 들었다니! 그때 농담처럼 여러 이야기가 오갔지만 웃어넘기고 말았다.

하지만 뒤풀이 뒤로 마음이 깔끔하게 마무리되지 않았다. 한동안 그의 '말'이 내 마음속을 맴돌았기 때문이다. 다른 길도 있을까? 그런 생각도 몇 번 해보았다. 그런데 고등학교 시절과는 말의 무게가 달랐다. 고등학교 때 경험한 부흥사의 '신탁'은 불안을 초래했지만 50대 초반에 경험한 법사의 '공수'는 내 안에서 불안감을 불러일으키지 않았다. 왜 그랬을까? 2015년에 개봉한 영화의 제목처럼 〈지금은 맞고 그때는 틀리다〉라고 해야 할까, 그때는 맞았는데 지금은 틀리다고 해야 할까? 세계에 대한 불안이 신탁을 심각하게 받아들이게 했을까? 아니면 신탁이 외려 불안을 만들고 키웠을까? 두 차례의 경험은 '불안과 신탁 혹은 신탁과 불안의 관계'라는 수수께끼를 스핑크스처럼 내게 던졌다.

유학자들이 신탁을?

16세기 조선, 묵재默齋라는 호를 쓴 이문건李文楗(1494-1569)이란 분이 있었다. 조광조를 스승으로 모셨다니 알 만하지 않은가? 그는 유가儒家의 윤리에 철저한 골수 사림士林이었다. 그런 그가 남긴 일기를 보면 이념과 현실 사이에 상당한 간극이 느껴진다.

그는 1551년 1월, 귀하디귀한 손자를 얻었다. 자식들을 대부분 병으로 잃었고, 살아남은 둘째 아들마저 어릴 적 앓았던 천연두 때문에 어제 가르쳐준 문장도 기억하지 못하는 상태였으니 손자를 얼마나 아꼈겠는가. 16년간 손자 숙길을 키우면서 『양아록養兒錄』이라는 육아 일기까지 쓴 것을 보면 그의 정성을 알 만하다. 장기 유배 중이었지만, 그래도 이문건은 경상도 성주의 유명한 무당 김자수를 찾는다. 갓 태어난 손자의 제액초복除厄招福✦을 당부하기 위해서였다.

새벽에 가리현 산에서 신생아가 재액으로부터 구제되게 하기 위한 초제를 베

✦ 액운을 없애고 복을 불러들이는 것.

이문건이 손자를 키우며 쓴 『양아록』

풀어 행하였는데 김자수가 산승을 시켜 주재하도록 했다고
한다. 귀손, 효원 등이 오후 3-4시쯤 돌아왔는데 마침 비가
오지 않아 초제 지내기가 좋았다고 김자수가 말했다고 한
다. 온 집안사람들이 아침에야 고기를 먹기 시작했다.[1]

1551년 3월 27일의 일기다. 온 집안이 초제가 끝날 때까
지 몸을 삼가며 기다렸던 것이다. 초제醮祭란 본래 무병장수를 성
신星神에게 비는 도교의 의례이다. 이 제사를 무당이 중에게 주재
케 했으니 손자의 무병장수를 위해 조선시대 종교들이 연합작전
을 편 형국이다. 유가들 스스로 배척했던 음사淫祀✦의 총출동인
셈이다. 그만큼 이문건의 불안감이 컸다는 말이다. 이문건에게 손
자의 생존은 가문의 생멸이 걸린 문제였다. 그랬으니 손자가 아프
기라도 하면 얼마나 안절부절못했겠는가.

집에 머물면서 손자를 돌보았다. 손자가 아침에 약을 복용
하였으나 기가 불안했다. 아들을 시켜 무녀
추월이에게 가서 숙길이의 병이 무슨 연유에

✦ 부정한 귀신에게 드
리는 제사.

서냐고 물은즉, 내일 와서 기도하겠다고 했다고 한다. 지난 12월 뭇 아이들이 깃발과 장대를 가지고 성황당◆에 내려갔을 때 그 곁에 서서 보고 있었는데 갑자기 심장이 뛰고 다리가 떨리며 피곤하여 집에 돌아와 누워 쉬다가 일어난 적이 있는데 그 때문이 아닌가 의심하여 무당에게 물었던 것이다.[2]

1561년 4월 5일 일기이니 손자 숙길이 11살 때이다. 손자가 병이 나자 이문건은 추월이라는 무당을 부른다. 손자가 약을 먹어도 낫지 않고 기운이 편안하지 못한 까닭을 그는 넉 달 전의 사건에서 찾고 있다. 섣달에 마을에서 벌어진 서낭제에 갔다가 귀신에 씐 것이 아닌가 의심하고 있는 것이다. 겨울에 있었으리라고 짐작되는 불상不詳의 원인 때문에 봄에 문제가 발생할 가능성이 얼마나 될까? 그러나 늙은 이문건의 마음을 지배하고 있던, 손자를 잃을지도 모른다는 불안감이 무당을 소환한다. 말하자면 사화士禍로 유배 생활을 하던 유가 지식인이 자손의 안위에 대한 염려 때문에 무녀의 비나리◆◆와 공수를 간절히 구하고 있는 것이다.

이문건만 이런 모습을 보인 것이 아니다. 이조참판까지 지냈던 유희춘柳希春(1513-1577)이 남긴 『미암일기眉巖日記』를 보면 신탁을 구하는 일은 그의 일상이었다. 유희춘 부부는 아침에 일어나면 간밤에 꾼 꿈으로 몽점夢占을 쳤다. 그는 "아내가 꿈에 구름이 걷히고 하늘이 갠 것을 보았다고 했는데 이는 수심이 없어지고 근심이 풀릴 징조"라고 했

◆ 마을을 지켜주는 서낭신을 모시는 서낭당을 이르는 한자어.

◆◆ 무당이 신한테 비는 말, 또는 풍물패가 마당굿을 할 때 곡식과 돈을 상 위에 받아 놓고 비는 행위.

유희춘의 『미암일기』와 『미암집』 목판

고, "아내가 뱀에 물린 꿈을 꾸었는데 이는 길조"라고 했으며, "아내가 꿈에 아버지, 어머니와 그 밖의 사람을 뵈었다고 하는데 이는 길조"라고 해석했다. 아내의 꿈에 대한 점몽은 주로 1567년 음력 10월의 일기에 보인다. 아마도 선조 즉위 이후 있을 사면과 등용에 대한 강렬한 기대가 해몽과 점복으로 표현되었을 것이다.[3] 이 시기 유희춘은 오랜 유배의 막바지에 와 있었다. 불안은 희망의 이면이다. 이들 부부에게 꿈은 길조여야 했다. 해배解配✦의 계시여야 했다.

　　"공자께서는 괴이한 것, 힘센 것, 어지러운 것, 신에 대한 것은 말씀하지 않으셨다"(『논어』 「술이」)[4]라는 말은 유가들의 금과옥조金科玉條였다. 신라나 고려와 달리 조선은 유자儒者들의 나라였

✦ 임금의 명으로 유배 상태에서 풀려나는 것.

고, 그래서 귀신의 일은 원칙적으로 멀리해야 했다. 이와 관련하여 벌어진 재미있는 사건이

『해동명신전海東名臣傳』에 기록되어 있다.

이목李穆은 어려서 점필재佔畢齋 김종직金宗直 공에게서 수학을 할 때 열심히 공부했고 글도 잘했다. 열아홉에 기유년 (1489, 성종 20) 진사시에 합격하여 태학에서 공부했는데, 말이나 글로 자기 사상을 표현함에 있어 정의에 불탔고 뜻과 기상은 곧았으며 옳고 그른 것을 판단함에 주저함이 없었다. 성종이 일찍이 병에 걸리자 대비가 여자 무당을 시켜 기도하면서 반궁泮宮*의 벽송정壁松亭에서 굿판을 벌였다. 이에 공이 유생들을 이끌고 그 무당을 매질하여 쫓아버렸다. 무당이 궁중에 하소연을 하니, 대비가 크게 노하여 왕의 병이 낫기를 기다렸다가 이 사실을 고했다. 왕이 노한 척하면서 성균관에 명하여 유생들의 명단을 빠짐없이 적도록 했다. 유생들은 반드시 큰 꾸지람이 있을 것으로 여겨 다투어 숨었으나, 공 혼자만 달아나 숨지 않았다. 왕이 대사성大司成을 불러 말씀하시기를 "네가 유생들을 잘 지도하여 선비들의 풍습이 바른 곳으로 돌아가게 하였으니, 내가 이를 가상히 여겨 특별히 술을 내리노라"라고 하였다.[5]

성종은 『경국대전經國大典』을 완성하여 조선 정치제도의 틀을 마련한 왕이다. 그런 성종이 병에 걸리자 대비가 무당을 불러 성균관 북쪽에 있는 벽송정에서 굿판을 벌였고, 당시 성균관 학생이었던 이목이 동료들과 몰

✦ 제후국의 국가 교육 관청으로, 둘레에 반원의 연못을 조성한 데서 비롯된 말인데 조선의 경우 성균관과 문묘를 아울러 이른다.

려가 무당을 몽둥이로 때려 내쫓았다고 이야기하고 있다. 이 사건은 질병을 굿으로 해결하고 싶어하는 대비 세력과 그것을 음사陰祀로 여겨 축출하려고 하는 유생들의 대립에서 빚어졌다. 그리고 두 세력 사이에 성종이 끼어 있는 형국이다. '실록'에도 올라 있는 이 사건의 개요를 『해동명신전』이 기록한 까닭은 유교의 가르침에 철저했던 이목을 드높이기 위한 것이다. 동시에 무교와 유교의 대립 속에서 양자를 적절히 조정한 성종의 정치력도 돋보인다.

　하지만 더 주목해야 할 일은 왕이 병에 걸리자 성균관 영역에서 공공연히 굿을 했다는 사건 자체이다. 왕실은 조선 최고의 의술이 준비되어 있는 곳이고, 성종 역시 어의의 치료를 받았을 것이다. 그런데도 대비가 굿판을 마련한 이유는 무엇일까? 이 사건에 등장하는 대비는 성종의 모친인 인수대비이다. 인수대비는 유교적 여성교육서인 『내훈內訓』을 편찬한 인물이기도 하다. 이런 대비를 굿판으로 유인한 요인은 무엇일까? 불안감 말고는 달리 없지 않을까.

　인수대비는 수양대군의 며느리였지만 남편이었던 의경 세자가 스무 살에 병으로 죽는 바람에 오랫동안 궁궐 밖에서 살았다. 한 해 전에는 몸이 약해 왕위 계승에서 밀려났던 맏아들 월산대군을 잃었다. 그런데다가 왕위에 오른 둘째 아들이 병에 걸렸으니 앞뒤를 가릴 상황이 아니었을 것이다. 손자의 건강 때문에 노심초사하던 이문건과 다르지 않았다. 불안은 이념으로 치료할 수 없는 심리적 징후이다. 불안이 귀신을 부른다. 불안은 불안한 정신을 신탁으로 인도한다.

근대 민속사회의 점술과 신탁

　이념의 단속을 받는 상층 유자들도 신탁에 매달렸는데 거리를 두고 삶을 성찰할 여유가 없는 사람들이야 오죽했겠는가. 좀 과장하면 우리 민속사회는 귀신과 신탁의 문화를 빼면 남는 게 별로 없을 정도다. 서구에서 출발, 일본을 경유하여 한국 사회에 자리잡은, 소위 과학적 합리주의의 세례를 받은 뒤에도 사정은 크게 달라지지 않은 것으로 보인다.

　사상 조사의 일환으로 식민지 민간신앙 조사에 참여했던 조선총독부 촉탁 무라야마 지준村山智順(1891-1968)은 1931년 제출했던 보고서를 『조선의 점복과 예언』[6]으로 출간한다. 그는 앞서 『조선의 귀신』(1929), 『조선의 풍수』(1931), 『조선의 무격』(1932)이라는 보고서 겸 책도 낸 바 있다. 이능화가 1927년에 출간한 『조선무속고朝鮮巫俗考』가 근대 이전의 무속에 대한 정리라면 『조선의 점복과 예언』 등은 식민지 당대 민속사회의 무속에 대한 관찰 보고서라고 할 수 있겠다.

　『조선의 점복과 예언』에는 흥미로운 광고문이 소개되어 있다.[7]

급고急告

　인생의 길흉화복은 엄정한 운명의 법칙입니다. 아무리 과학이 첨예화尖銳化한 현대라 할지라도 누가 능히 이 운명의 궤도軌道를 파탈破脫할 수가 있겠습니까? 그러니 길운이

찾아왔을 때, 그 기회를 놓치지 않고 이것을 개척·발휘하려면 성의와 노력이 필요합니다. 액운이 찾아왔을 때, 그 운의 마롱魔弄[*]을 받지 않고 이것을 미연에 방지 퇴축退逐하기 위해서는 수양과 근신이 필요합니다. 그렇다면 무형無形 조석朝夕으로 찾아오는 인생의 화복을 어떻게 예지할 수가 있을까요. 공허하게 분수 밖의 욕망과 허영에 춤추고, 무익한 번뇌나 고통으로 몸부림치고 최후의 절망으로 탄식하고 슬퍼하지 말고, 속히 귀중한 운명을 감정하셔서 새로운 전도前道를 개척하십시오.

一. 역학이란 무엇인가? 음양의 진리를 추수推數하는 과학입니다.

二. 관상학이란 무엇인가? 관형觀形·찰색察色[**]의 신비를 투시한 선각자의 경험설입니다. 결코 미신이나 황당무계한 설이라고 생각하시면 안 됩니다.

관상·사주·복서·택일·작명·기타 인사백반人事百般.[✦✦]

조선에는 없는 최근의 관상법은, 안면의 척수尺數[✦✦✦]를 계산해서 일생의 길흉을 판단합니다. 저는 조선의 명산 계룡산에서 다년간 연구한 후 복잡한 인간의 운수를 좋은 길로 인도하고 판단하기 위하여 각지를 유람하는 도중 이번 당지에 도착하였습니다.

[*] 마귀가 운명을 가지고 노는 일.
[**] 얼굴빛을 살펴 운명이나 병세를 판단하는 것.
[✦✦] 인간의 삶에서 발생하는 수백 가지 일.
[✦✦✦] 자로 잰 얼굴의 크기와 형태.

계룡산 인학人鶴 운거사雲居士라는 '점복업자'가 살포한 광고지라고 한다. 경성부(서울) 적선동 93번지에서 매일 오전 8시부터 오후 9시까지 운수를 봐준다는 이 광고에서 눈에 번쩍 띄는 대목은 '길흉화복은 운명의 법칙'이라는 단언, '역학은 과학'이고 '관상학은 조선에 없던 얼굴의 길이까지 재는 경험과학'이라는 주장이다. 사실『조선무속고』로 한국 샤머니즘 연구의 초석을 놓은 이능화도 무속을 부정적으로 보았다.[8] 일본인 조사자나 학자들도 마찬가지였다. 조선이 문화적으로 지체되었다는 자신들의 판단 근거를 민속에서 찾으려는 태도를 보였다.[9] 이런 식민지의 분위기 속에서 이전부터 지속되던 신탁 문화는 과학이라는 새로운 옷을 입을 필요가 있었다. 과학을 강조하는 계룡산 출신 '구름거사'의 광고가 그 좌증이다.

그런데 구름거사는 이어지는 '급고'의 뒷부분에서는 자신이 외국에 있을 때 관상 요금을 최저 5원에서 10원까지 받는 것을 보았지만 이번에는 동포들을 구제하기 위해 무료로 봐주되 광고지 인쇄 요금으로 30전만 받겠다고 했다. 조선총독부 통계에 따르면 1925년 인력거꾼의 한 달 평균수입이 30원이니 종일 일해서 하루에 1원 버는 꼴이다. 그러니 30전도 적은 금액은 아니다. 그럼에도 이런 유의 광고지와 신문광고가 적지 않았던 것을 보면 수요가 많았다는 뜻이다. 세시의례나 관혼상제 때 상시적으로 점을 치던 문화에 더해 일제 강점기의 증대된 사회적 불안이 식민지 조선인들을 신탁 앞으로 불러들였을 것이다.

이 시기의 점복과 신탁 문화는 100여 년이 지난 지금도 이어지고 있다. 오늘날 한국 사회는 그야말로 '점술 공화국'이다. 서

1990년대 미아리 점집 거리

울의 경우, 과거 미아리 등지에 점집들이 몰려 성시를 이루고 있었지만 지금은 가상공간에 둥지를 틀고 있다. 인터넷상의 블로그, 웹사이트뿐만 아니라 최근에는 유튜브 등 소셜미디어, AI를 접목한 챗봇과 앱에 이르기까지 점복과 신탁업의 영역이 넓어졌다. 캐릭터 상품의 하나로 부적 굿즈도 인기라고 한다. 점복의 시장가치가 6조 원에 이른다는 분석도 있다.[10] 사실 불교·기독교 등도 점술 산업이라는 외현을 띠고 있지 않을 뿐 유사한 지점이 많다는 점을 염두에 둔다면 점복의 경제는 상상을 초월하는 규모일 수 있다.

　사회학자 정승안은 점복을 "위기 탈출의 기예"[11]로 규정했

온라인상에서 흔히 접할 수
있는 점술가, 사주·운세·타로
상담 앱과 사이트, 부적 굿즈

는데, 이때 위기는 불안의 동의어라고 할 수 있다. 아니 불안감이
위기의 토양이라고 하는 편이 더 적절하겠다. 과학적 합리성을 바
탕으로 이룩한 근대화가 불안이라는 이름의 귀신을 축출했다고
말하기도 한다. 이해조가 신소설 『구마검驅魔劍』(1908)으로 쫓아내
려고 했던 귀신 말이다. 하지만 여전히 우리는 불안하다. 우리는
근원적으로 불안할 뿐만 아니라 울리히 벡이 말한 근대적 '위험

사회risk society', 아니 접두어 고高를 붙여 고위험사회라고 불러야 마땅할 한국 사회의 가중된 불안감이 점복을 호출한다. 점복을 통해 얻은 신탁이라는 약물로 심리적 위기에서 탈출하려고 하는 것이다.

이야기와 신탁의 형식

그렇다면 신탁은 어떤 형식으로 나타나는가? '신화적 내기'라는 것이 있다. 신화적 내기는 신탁을 점치는 방법의 하나이다. 함경도 〈창세가〉의 미륵님과 석가님은 이승과 저승의 지배권을 두고 내기를 벌인다. 제주도 〈천지왕본풀이〉의 소별왕·대별왕 형제는 수수께끼 내기를 한다. 최종적으로는 '자면서 꽃피우기' 내기로 결판나는 이들의 내기는 세계의 운명을 결정하는 내기이다. 이는 창세신들의 내기이므로 내기 자체가 신탁이다. 신탁은 자면서 꽃을 피우는 능력, 나아가 모래밭에서도 무성한 꽃을 피울 수 있는 능력으로 나타난다.

대홍수에서 살아남은 유일한 남매가 신탁을 묻는 방법은 '맷돌 굴리기' 혹은 '연기 피워올리기'였다. 인류의 멸절이라는 불안감에 시달렸던 오누이는 암수 맷돌을 각각 지고 산에 올라가 맷돌을 굴린다. 각각 젖은 소나무 가지를 태워 연기를 하늘로 피워올리기도 한다. 인류 멸절의 불안과 근친혼 금지 위반의 불안이라는 이중의 불안에 시달리던 오누이는 신탁에 기댈 수밖에 없었다. 그 방법은 맷돌이 하나로 합쳐질 것인가, 연기가 하늘에서 하나로 휘감길 것인가를 묻는 것이었다.

맷돌 굴리기와 같은 방법 외에도 신탁을 묻는 형식은 역사적으로 다양했다. 거북의 등껍질이나 짐승의 뼈로 길흉을 점쳤던 갑골胛骨, 별자리의 배치를 통해 인간사의 운명을 판단하려고 했던 점성占星, 상상의 동물인 용, 흰 말이나 흰 까마귀 등을 신물神物로 여겨 신탁을 가늠하려는 태도, '재이災異'라는 개념으로 수렴되는 이일병현二日竝現✦·일식·뇌성벽력雷聲霹靂이나 핏빛으로 변한 강물 등의 특이한 자연현상, 점몽占夢이나 해몽解夢 등도 신탁을 파악하는 형식들이었다. 『삼국사기』에는 중요한 역사적 사건과 인과관계가 있는 것으로 해석된 다양한 신탁의 양태가 기술되어 있다. 여전히 구전되고 있는 태몽 이야기, 로또 당첨을 꿈의 결과로 해석하는 이야기에도 신탁은 살아 있다.

신탁에는 중개자가 있다. 태초의 쌍둥이 신은 스스로 중개자가 되었고, 홍수 후의 오누이도 다른 존재가 없으므로 스스로 중개자가 되었다. 그러나 문학사에 빈번하게 등장하는 중개자는 무巫나 승려, 점바치✦✦·역술가·도사·법사·풍수 등으로 불리는 이인異人들이다. 조선시대 천문天文·지리地理·역수曆數✣✦·점산占算✣✣ 등을 담당했던 관상감觀象監✣✣✦의 관리들도 크게 보면 이 범주에 속한다. 〈바리데기〉 신화의 왕은 아들의 혼삿날을 받으려고

✦ 해 두 개가 나란히 떠오르는 현상으로, 『삼국유사』「월명사 도솔가兜率歌明師兜率歌」에 등장하는 표현.

✦✦ 점쟁이의 방언으로 규정되어 있으나 무가巫歌 등 구연의 현장에서는 점바치라는 말을 더 많이 쓴다.

✣✦ 주기적으로 나타나는 천체의 운행이나 기후의 변화.

✣✣ 점을 치거나 사주팔자는 보는 일.

✣✣✦ 별자리의 움직임을 관찰하고, 풍수지리를 보고, 비와 바람 등 자연의 변화 등을 살펴 국가 행사일을 결정하거나 정책에 반영하는 것을 목적으로 설치된 조선시대 관청. 1392년 설치할 당시의 이름은 서운관書雲觀이었는데 1466년에 관상감으로 바뀌었다.

점바치를 찾아갔고, 신라 경덕왕은 표훈대사를 불러 천제의 뜻을 묻고 심지어는 딸을 아들로 바꿔달라고 생떼까지 썼다. 이들 점쟁이와 승려는 신탁의 중개자들이다.

중개자를 통해 전달되는 신탁은 어떤 언어로 표현되는가? 홍수 후 오누이는 암수 맷돌이 산 아래서 합체되자 마음속에서 울려 나오는 신탁을 듣는다. 바로 "결혼하라!"라는 명령형 신탁이다. 명령형 신탁은 '-하라' 혹은 '-하지 말라'의 형식으로 표현된다. 전자는 긍정형 명령이고, 후자는 부정형 명령이다. 장자못 전설에 등장하는 며느리는 시주승으로부터 "무슨 소리가 나더라도 절대로 뒤를 돌아보지 말라"라는 부정 명령형의 신탁을 듣는다.

〈창세가〉의 미륵님은 석가와의 내기에서 패배한 뒤 다음과 같은 공수를 내놓는다. "축축하고 더러운 석가야, 내 무릎에 꽃이 피었음을, 네 무릎에 꺾어 꽂았으니, 꽃이 피어 열흘을 못 가고, 심어 십 년이 못 가리라."[12] 석가가 자는 동안 자신의 무릎에 피어오른 꽃을 꺾어 제 무릎에 꽂은 뒤 이겼다고 우기자 미륵님은 석가의 미래를 예언한다. '-하리라'의 형식으로 표현되는 예언형 신탁이다. 딸을 아들로 바꿔달라는 경덕왕의 요청을 표훈대사가 전하자 천제는 "할 수는 있지만 사내아이가 태어나면 나라를 위태롭게 할 것"[13]이라고 대답한다. 천제의 이 말도 예언형 신탁에 해당한다.

신탁과 신탁 콤플렉스

신탁, 그리고 신탁을 가늠하는 점사占辭에 의탁하는 심리를 설명하는 '바넘 효과Barnum effect'라는 개념이 있다. 이 개념은 19세기 미국의 하원의원이자 서커스 사업가, 혹은 사기꾼으로도 불렸던 피니어스 테일러 바넘에게서 비롯되었다. 바넘은 "쉽게 속아넘어가는 얼치기는 매 순간 태어난다"[14]라는 속어slang의 저작권을 지닌 인물이라는 풍문이 있지만 그 사실이 확인되지는 않았다.[15] 그러나 사람들이 외부에서 들어오는 정보를 정확한 것으로 받아들이려는 경향이나, 점성술 등의 점술에 대한 확증편향confirmation bias*을 설명하기 위해 심리학자들이 바넘의 재치 있는 속어를 빌려오면서 바넘 효과라는 심리학적 개념은 일반화되었다.

1948년 심리학자 버트넘 포러가 실시한 성격검사와 유사한 실험을 EBS 다큐프라임 〈인간의 두 얼굴〉[16]에서 심리학자 김경일 교수가 보여주었다. 실험자는 5명의 피험자에게 백지에 자신의 손가락을 그리라고 한다. 그러면 실험자가 그려진 손가락을 보고 성격을 맞히겠다고 말한다. 그림을 들고 나간 실험자는 일정 시간이 경과한 뒤 분석 결과지를 피험자들에게 돌려주고는 성격분석 결과가 얼마나 정확한지 물었다. 피험자들은 모두 80-90% 정도 정확하다고 대답했다. 그러나 5명의 분석 결과지는 동일했고, 실험자가 임의로 작성한 것이었다. 이는 버트넘 포러가 점성술 책을 참고하여 13개 항목을 설정한 뒤 39명의 수강생에게 자신의 성격을 얼마나 잘 설명하는지를 물었을 때 나온 결과인

* 자신의 가치관이나 신념·판단 등에 잘 맞는 정보만 받아들이고 나머지는 무시하는 사고방식을 설명하는 심리학 용어.

4.26점(5점 만점)과 거의 일치한다.

　"'대부분의 사람은 당신을 외향적인 사람으로 생각하겠지만, 사실 당신의 마음 깊은 곳에는 내성적인 면도 있군요'라고 말해주면, 그들은 당신을 성격을 꿰뚫어 보는 통찰력의 소유자로 여길 것이다. 그러나 당신이 그런 찬사를 들을 수 있는 이유는 당신이 특별한 능력이 있어서가 아니라 당신이 한 말이 거의 모든 사람에게 적용되는 사실이기 때문이다. 사람들은 누구나 낙천적이면서도 때로는 우울해하고, 사교적이면서도 한편으로는 다소 내성적인 면을 가지고 있다. 그럼에도 불구하고 사람들은 뻔한 말을 해주는 심리학자나 점술가, 혹은 누가 되었든 간에 그 사람을 '족집게'로 믿는다"[17]는 것이다. 바넘 효과에 혹하는 우리의 경향성이, 신탁이 힘을 발휘하는 기름진 토양이다. 더구나 신탁이 권위 있는, 바꿔 말하면 '내가 의뢰하기로 마음먹은' 사제의 입을 통해 나올 때 그 신탁은 진리가 된다.

　하지만 모든 신탁이 콤플렉스로 작용하는 것은 아니다. 분석심리학을 창안한 카를 융은 "무의식 속에서 어떤 감정에 의해 결합된 채 존재하는 심적 내용의 집합이 통상적인 의식 활동을 방해하는 현상을 관찰하고, 그와 같은 심적 내용의 집합을 '감정으로 물든 복합체gefühlsbetonter Komplex'라고 이름 붙였다. 이것을 나중에 줄여서 '콤플렉스'라고 부르게 되었다."[18] 콤플렉스는 누구나 가지고 있는 어떤 심리적 경향으로 그것 자체로 병적인 것은 아니다. 그러나 콤플렉스가 일상생활을 방해하고, 신체적 질병을 초래할 정도로 심각한 영향을 끼칠 때는 질병이 된다. 대인공포증·고소공포증·동물공포증 등으로 나타나는 공포증phobia이 대표적인 사례이다.

그렇다면 신탁은 어떻게 콤플렉스가 될 수 있는가? "여자 조심해"라는 명령형 신탁이 어떤 청소년의 마음을 맴돌며 여성과의 관계를 반복적으로 방해할 때, 더 나아가 그것이 여성공포증으로 나타난다면 신탁 콤플렉스라고 부를 수 있지 않겠는가? 이런 신탁은 오늘날 사주·점복이나 굿과 같은 종교적 의례의 현장에서 매일 공표된다. "차 조심해!", "물 조심해!", "비행기 타지 마!", "손 없는 날 이사해!", "며칠이 길일吉日이니까 그날 압수수색 해!", "조상귀신이 씌었어!", "불신 지옥"처럼 신탁이라는 이름을 달고 떠들어대는 예언과 명령을 그저 참조 사항으로 여기거나 잡음으로 듣는다면 신탁은 콤플렉스와 결합하지 않는다. 그러나 어떤 신탁을 절대화하여 그 신탁에 매달릴 때, 신탁이 일상생활을 방해할 정도로 작동할 때 신탁 콤플렉스는 실체를 얻게 된다.

바넘 효과나 확증편향과 같은 우리의 심리적 경향성은 신탁이 콤플렉스와 동거할 수 있는 비옥한 토양이다. 이런 토양 위에서 둘을 접붙여 변종의 나무로 키우는 것이 바로 불안이다. 조선의 유학자 이문건이 가문을 이을 유일한 손자의 병세에 불안하지 않았다면 무당에게 굿을 부탁했겠는가. 어렵사리 왕위에 오른 광해군이 불안감에 시달리지 않았다면 성지도사의 풍수설에 현혹되어 창덕궁昌德宮을 버리고 인경궁仁慶宮을 새로 지어 거처를 옮겼겠는가?19 임오군란으로 피신한 명성황후가 불안하지 않았다면 무녀 진령군眞靈君을 한양으로 '모셔' 왔겠는가. 고종과 명성황후가 내우외환으로 불안하지 않았다면 진령군의 신탁에 놀아났겠는가?

진령군의 신탁에 휘둘렸던 명성황후와 고종의 초상화

그런데 신탁 콤플렉스에는 또 다른 국면이 있다. 과도한 불안감이 신탁을 콤플렉스로 키우지만 되먹임feedback의 국면도 있다는 것이다. 불안이 신탁을 찾게 하는데, 들려온 신탁 자체가 다시 불안을 가중시키는 되먹임의 과정 말이다. 테바이◆의 왕 라이오스는 왕위 계승자의 부재라는 불안 때문에 아들을 얻기 위해 델포이 신전에 올라가 신탁을 구했다. 그러나 무녀의 입에서 흘러나온 신탁이 불안을 더 키운다. 라이오스는 신탁 실현의 공포로부터 도망치려고 몸부림친다. 불안이 신탁을 부르고, 신탁이 불안을 키운다. 신탁 콤플렉스는 이러한 되먹임의 과정에서 병적 상태로 발현되는 것이다.

◆ 고대 그리스의 도시 국가로 현재 그리스 중부 보이오티아 주에 속한 도시. 테베 혹은 타바로 불린다.

2장 〈바리데기〉의 불안한 인물들과 신탁 콤플렉스

어뷔대왕의 불안

〈바리데기〉 혹은 〈바리공주〉는 한국 무속신화를 대표한다. 바리공주는 바리데기를 미화한 이름이다. 이 무당의 노래는, 잘 알려져 있듯이 죽은 자를 저승으로 인도하는 천도굿에서 불린다. 바리공주는 망자를 저승으로 천도하는 신이고, 신화 〈바리공주〉는 바리공주가 부왕의 질병을 고치기 위해 죽음의 세계를 다녀온 공덕으로 신성을 획득하는 이야기다. 말하자면 〈바리공주〉는 죽음에 대한 신화이고, 왕이라도 피할 수 없는 질병과 죽음의 문제를 다루는 신화이다.

그런데 이 신화의 출발점에는 '불안'이라는 등장인물들의 심리 상태가 던져져 있다. 1937년 오산의 무녀 배경재가 구연한 〈바리공주〉는 세자의 결혼을 서두르는 늙은 어뷔대왕♦ 부부의 모습에서 출발한다. 왕위를 계승

♦ 전승 지역이나 구연본에 따라 오구대왕, 어뷔대왕, 주상금마마, 오구님, 오구시왕, 수차랑선배 등여러 이름으로 나타난다.

무속화 속에서 공주로 형상화된 바리데기

해야 할 열다섯 나이의 세자가 결혼을 못하여 손주가 없으니 대 궐의 정전과 내전이 공허하다는 것이다. 대왕은 세자의 결혼을 서 두른다. 그런데 그 과정에서 제일 먼저 한 일이 세자의 길흉화복 을 점치는 문복問卜이다. 대왕의 명을 받은 상궁이 박수무당을 찾 아가 점을 친다.

> 폐길년에 길례를 하시면은 칠공쥬를 보옵시고
> 대개년에 길례를 하시면 삼동궁을 보시리이다.[1]

길년吉年은 결혼하기에 좋은 해를 말하므로 폐閉길년이란

운수가 꽉 막힌 해다. 대개년大開年은 말 그대로 운수가 크게 열리는 해이니 아들을 낳으려면 길년, 대개년에 혼례를 치러야 한다는 뜻이다. 어찌 보면 '뻔한' 점괘이다. 배경재의 구술에는 언제가 길년인지 혹은 폐길년인지 분명하게 표현되어 있지 않다. 하지만 1996년 서울 무당 문순덕이 구연한 〈말미〉◆를 보면 "금년은 반 길년이오 명년은 참 길년이니 / 금년에 길례를 하옵시면 칠공주를 보실 것이요 / 명년에 길례를 하옵시면 세자 대군을 보시리라"[2]라고 분명히 말한다. "아들을 낳으려면 내년까지 기다려라!" 박수무당의 입을 통해 신탁이 내려온 것이다.

그런데 신탁은 즉각 폐기된다. "일각이 삼추 갓고 하루가 열흘 갓다. / 엇지 대개년을 바라랴?" 왕위를 계승할 세손이 없다는 어비대왕의 불안감, 세손이 급하다는 조바심이 신탁으로부터의 도망을 부른다. 심지어 "문복이 용타 한들 제 어찌 알쏘냐"라는 말로 박수무당을 무시한다. 점괘를 구할 때의 마음하고 점괘를 얻은 뒤의 마음이 달라졌다. 기대하는 점괘가 나오지 않을 경우 다른 무당을 찾는 것이 상례이다. 대홍수 후 살아남은 오누이는 암수 맷돌이 합체가 될 때까지 굴리지 않았는가. 원하는 점괘를 얻을 때까지, 한 번으로 끝내지 않는다. 오늘날의 점집에서도 늘 벌어지는 일이다. 그러나 대왕은 점괘로부터 과감히 도주한다.

사실 신탁은 신탁을 구하는 자의 마음에 달린 것이다. 신탁은 신神에 의해 실현되는 것이 아니다. 신탁은 의뢰자의 마음에 따라 실재가 된다. 어비대왕의 급하고 불안한 마음은, 애써 얻은 신탁으로부터 자신을 도망치게 만든다. 그리고 이 도주가 신탁을 실재

◆ 무속의 용어로, 사전적 의미와 달리 귀신에게 비는 말 혹은 귀신의 말을 뜻한다.

로 만든다. 신탁대로 명년에 혼례를 치렀다면 삼동궁이 태어났을 것이고, 바리공주의 이야기는 실재하지 않았을 것이다. 점괘로부터의 도주 덕분에 칠공주가 태어나고, 바리공주의 신화가 시작된다. 여기서 신탁의 역설paradox이 생성된다.

조선국 또는 불라국⁺의 대왕처럼 국왕이 불안의 주체인 경우 왕은 무巫의 신탁을 버리고 유儒의 얼굴을 지닌 국가기구로 물러선다. 비가시적인 신탁의 불합리성을 버리고 가시적인 천문지리적 합리성으로 도피했다고 해도 좋겠다. 어뷔대왕은 "일각一刻이 여삼추如三秋 같다"면서 예조禮曹에, 혹은 관상감觀象監에 택일을 명한다. '길례도감' 곧 가례도감嘉禮都監을 설치하여 세자의 혼사를 강행한다. 가례도감은 조선시대 왕실의 예식을 총괄하는 국가기구가 아닌가.

한데 중전이 태몽을 꾸고 입덧을 하자 불안한 대왕은 다시 상궁에게 문복을 명한다.[3] 대왕의 왕손에 대한 불안감은 그를 무의 신탁과 유의 이치 사이를 배회하게 만든다. 천하궁·지하궁·제석궁의 박수무당의 점괘를 부정했으면서도 다시 박수를 찾아 점을 친다. 결과는 달라지지 않는다. "태기는 분명하오나 여공주를 보시리다." 대왕은 재차 신탁을 무시한다. "문복이 용타 한들 제 어찌 알쏘냐." 대왕의 왕자에 대한 욕심과 후손에 대한 불안감은 신탁을 부르지만 기대와 다른 신탁에 대해서는 무시한다. 신탁에 대한 갈망과 신탁으로부터의 도피가 신탁을 실재로 만들고 바리데기 신화를 구축한다.

동해안에서 전승되는 〈바리데기〉의 경우 무巫의 신탁은 아예 빠져버리고 승僧의 신

✦ 전승되는 지역에 따라 상상의 국가인 불라국(동해안 지역)이나 실재했던 국가인 해동 조선국(경기 지역)으로 나타난다.

탁이 그 자리를 채운다. 동해안의 오구대왕과 길대부인 역시 국사國事와 봉제사奉祭祀⁺를 맡길 일점혈육이 없어 걱정한다. 마침내 마흔 살 길대부인에게 태기가 있어 낳고 보니 딸이었다. 그리고 내리 여섯째까지 딸을 낳는다. 불안의 강도가 심해진다. 이런 상황에서 도사 스님이 등장한다. 그는 시주를 왔다가 "명산대천을 찾아가서 공을 들이시면 태자를 보리다. 큰 절을 찾아가 명사절⁺⁺에 찾아 올라가 백일 불공을 지극히 드리시면 태자를 보리다"라는 말을 남기고 온데간데없이 사라진다. 동해안 〈바리데기〉의 신탁은 승려를 통해 내려온다.

　문제는 승려의 신탁이 거짓으로 밝혀진다는 사실이다. 승려의 신탁대로 온갖 정성을 다해 백일 불공을 드린 뒤 태몽을 얻는다. 천상의 선녀가 학을 타고 내려와 자신을 서왕모의 딸로 소개하면서 길대부인의 품에 안기는 꿈이었다. 이는 고전 서사에 단골로 출현하는 전형적인 꿈으로, 심청의 모친이 꾼 꿈과 다르지 않다. 꿈부터 딸을 낳을 꿈이다. 그런데 오구대왕 부부는 태몽을 얻었다고 동침을 한다. 그래서 신탁과 달리 일곱째 딸이 태어나자 길대부인은 "명산대천 공들여 낳은 자식, 딸이라니 서럽소이다"라고 울고, 오구대왕은 "깜짝 놀라 용상 곁에 내려앉았다가 정신 몽롱하야 / 갑자기 정신이상이 돼서 / 신경이 마비되어 정신이상이 되어 / 세상을 분별 못"할 지경에 이른다.

　왜 도사 스님은 태자를 낳으리라는 예언형 신탁을 전달했을까? 동해안 〈바리데기〉에는 '대길년·폐길년'과 같은 조건이 없다. 그런 조건이 있었어도 신탁을 무시했겠지만

⁺ 조상의 제사를 받들어 모시는 일.

⁺⁺ 명사名寺는 이름 있는 절을 말하므로 '명사 절'은 같은 말을 반복하는 무당의 관습적 표현.

무시하기도 전에 동해안본은 이미 무시당할 신탁을 발부한다. 결과는 같지만 결과에 이르는 방식은 서울·경기 지역과 다르다. 이는 종교적 메신저로서의 자의식이 약한 세습무世襲巫✦로서의 직업의식, 불교와 별로 조화로운 관계를 형성하지 못한 동해안 지역 무속의 특성에서 비롯된 것으로 보인다. 동해안본에 박수무당의 점괘가 없는 이유가 여기에 있고, 중이 불공만 받고 어긋한 신탁을 발설한 이유가 여기에 있다. 불안은 신탁을 호출하지만 불려온 신탁이 불안을 지워주는 것은 아니다.

덕주아 부인의 불안

함경도 함흥을 중심으로 구전되던 바리데기 신화는 〈오기풀이〉나 〈칠공주〉로 불린다. 함흥의 바리데기 신화는 다른 지역의 바리데기 신화와 인물의 형상, 세계관, 서사구조 등에서 상당한 차이가 있다.[4] 함흥의 바리데기는 아버지가 아니라 어머니의 치병을 위해 저승으로 간다. 함흥의 바리데기는 약물을 가지고 돌아와 모친을 회생시키지만 모친의 복수심에서 발현된 강한 살煞 때문에 언니들과 더불어 죽음에 이른다. 부활한 모친도 죽는다. 등장인물들이 모두 죽는 비극적 결말을 보여주는 것이 함흥의 〈바리데기〉이다. 그럼에도 불구하고 불안으로부터 이야기가 개시된다는 점에서는 차이가 없다.

덕주아 부인은 남편 수차랑 선비에게

✦ 조상 대대로 무당의 신분을 이어받은 무당으로, 갑자기 신이 내려 무당이 된 강신무降神巫의 상대 개념.

이렇게 말한다. "강남 갔던 제비도 새끼를 쳐가지고 어마 자자 아빠 자자 뒤의 새끼 앞에 세워 앞의 새끼 뒤에 세워 구제 구제하고 하는 게 귀에서 쟁쟁 눈에서 솜솜 하거늘 ⋯."[5] 요컨대 나이 들도록 자식이 없었다는 말이다. 자식이 필요하고 급한 것은 어뷔대왕 부부와 다르지 않다. 그 불안감을 해소하려고 덕주아 부부도 점을 치러 간다.

그런데 함흥의 〈바리데기〉에는 흥미로운 대목이 있다. 용하다고 소문이 난 '점바치'를 고생해서 찾아갔는데 점바치가 영 마음에 들지 않았다. 오뉴월 한여름에는 일을 쉬는 법인데 점바치는 지붕에 올라가 이엉을 얹고 있다. 게다가 누더기 옷차림이다. 부부가 보기에 뭔가 이상한 점쟁이다. 덕주아 부부로서는 신뢰하기 어려웠을 것이다. 하인에게 말머리를 돌리라고 명한다. 그때 뒤에서 목소리가 울린다.

점바치: "네 사주 판단할 사람은 나밖에 없느니라."
덕주아 부인: "선생님, 선생님, 우리 사주 판단 내주시오."
점바치: "에이 그런 말 마시오. 오뉴월에는 불개미집도 다치지 못하는데 누더기 걸쳐 입고 이엉을 얹고 있는 점바치 안에 무슨 셈이 있겠소?"

덕주아 부인은 깜짝 놀라 잘못했다고 빌면서 점을 쳐달라고 부탁한다. 왜냐하면 점바치의 마지막 대사가 자신이 마음속으로 중얼거렸던 말이었기 때문이다. 고객의 속마음을 훤히 들여다보는 점바치라면 믿을 만하지 않겠는가. 점술가와 고객 사이에 이미 주종 관계가 만들어진 셈이다. 점바치의 입에서 예언의 신탁이 흘러나온다. 비단이나 쌀 등 제물을 정성스레 갖춰 "금상절에 올라가 석 달 열흘 백일기도를 드려 첫 자식으로 아들을 낳으면 구 남매를 낳는다. 첫 자식으로 딸애를 낳으면 칠 남매를 낳고 구족이 망하리라"라는 신탁이 내려진다. 그런데 함경도 홍원 출신의 무녀 지금섬이 구술한 신탁이 좀 이상하다. 맏이가 아들이면 아홉 아들, 맏이가 딸이면 일곱 딸을 내리 낳을 것이라는 신탁을 잘못 구술한 것으로 보인다.

신탁대로 백일기도를 드린 뒤 집으로 돌아가던 덕주아 부부는 도중에 바위 위에서 잠을 자다가 태몽을 꾼다. 부인은 아득한 구름을 헤치고 비오리 한 쌍이 치마폭 속으로 들어오는 꿈을 꾸었다면서 서둘러 귀가하여 동침한다. 한데 문제는 그 뒤에 발생한다. 입덧도 심하게 하고 열 달 고이 품어 낳고 보니 '달 같은 여자아이'였기 때문이다. 신탁대로라면 이제 내리 여섯 딸을 더 낳은 뒤 집안이 망하는 일만 남은 것이니 부부가 신탁을 받아들였다면 아이를 낳지 말아야 한다. 하지만 사건은 바로 다음을 향해 달려간다. 첫 딸이 세 살쯤 되었을 때 다시 임신을 한다. 둘째 딸을 낳은 후에도 덕주아 부부는 반복적으로 신탁을 무시한다.

부부는 왜 신탁을 무시했을까? 그 이유는 어비대왕 부부의 욕심과 다르지 않았다. 덕주아 부부에게는 계승할 국가는 없었지만 그래도 아들을 원했다. 수차랑 선비는 "에고에고 이런 변이 어디 있소? 그 점바치 말이 맞을라는 게구나. 첫 자식이 아들이면 나라를 세우고 첫 자식이 딸이면 구족이 망한다더니만 벌써 넷을 낳았구나. 이런 변이 어디 있소"라고 탄식하면서도 "아이 넷을 낳고는 다섯째는 아들을 낳는다는데 뭐가 먹고 싶소?"라고 부인에게 묻는다. 심지어는 "이바 울지 마오. 차차 낳는다면, 한 백 개 낳노라면 아들을 하나 낳겠지"[6]라고까지 말한다. 거의 편집증적인 집착이다. 이 집착이 부부를 귀머거리로 만든다. 신탁은 이미 점바치의 점괘를 통해 선포되었지만 그들은 듣지 못한다. 불안과 집착이 방음벽을 쌓아올린 것이다.

드러난 불안과 숨어 있는 불안

막내딸을 버린 뒤 15년, 바리공주가 열다섯이 되었을 때 대왕은 질병에 사로잡힌다. 오산 배경재 무녀의 노래에는 질병의 원인도 이름도 나타나지 않는다. 서울 문순덕 무녀의 노래에는 대왕이 발병한 뒤에 "옛날에 문복이 용터구나"라고 탄식하는 장면이 등장한다. 신탁을 무시했던 과거에 대한 후회가 엿보인다. 신탁을 외면하고 딸을 내리 낳다가 막내딸을 버린 것에 대한 죄의식도 없지 않은 것으로 보인다.

동해안 무부巫夫 김석출의 노래는 아주 구체적이다. 자신의 굿노래에 대해 해석을 덧붙이는 경향이 있는 김석출은 오구대왕의 병에 대해 "하도 속을 많이 썩이니, 노짐병이 요새 같으면 폐병이고 / 옛날에는 노짐병이라 하였는데. 옛날 노짐병은 고치기가 어렵고"[7]라고 했다. 아들을 낳으려고 노심초사하는 사이, 딸자식을 버리고 마음이 썩는 동안 폐병(폐결핵)이 걸려 죽을 수밖에 없었다고 설명하고 있는 것이다.

왜 대왕은 '죽음에 이르는 질병'에 포획되었는가? 형식적으로 보면 신탁의 무시와 버린 딸에 대한 죄책감이 원인이다. 그러나 더 따져보면 자식, 특히 아들에 대한 집착이 신탁을 회피하게 만들고 딸을 버리게 한 것이다. 〈바리데기〉 신화를 빚은 문화적 토양은 남성 지배였다. 특히 조선 후기에 들어와 강화된 종법宗法◆ 질서가 이 토양을 더 비옥하게 만들었다. 하층보다 상층의 가문, 그중에서도 특히 왕가는 아들을 통해 혈통과 권력이 지속된다. 어버대왕은 왕위를 계승할 세손이자 제사를 계승할 혈육에 집착한다. 후손의 부재는 곧 가문의 죽음, 권력의 상실을 부르기 때문이다. 여기서 대왕의 불안이 발생한다. 드러난 불안, 현상적 불안이다.

그런데 〈바리데기〉에는 이보다 더 심각한 불안이 있다. 그것이 폐병이든 무엇이든, 대왕의 질병을 치료할 방법이 대왕에게는 없다는 것, 대왕의 실존이다. 사실 〈바리데기〉는 이 실존을 극단으로 밀어붙인다. 치병의 방도가 이승에는 없다고 말한다. 이승에 없다는 말은 죽음밖에 치료법이 없다는 말이기도 하다. 물론 〈바리데기〉는 버려진 바리데기의 귀환과 저승 여행을 통해 죽은 대왕을 부활시키는 판타지를 보여주지만 부활 모티프는 '단골'◆◆들의 욕망에 부응하는 환영이다. 죽은 자를 되살린다는 환생꽃(뼈살이꽃·살살이꽃·숨살이꽃)과 약수는 이 환영을 감각하게 하는 물질이다. 오구굿에 참여한 기주祈主◆◆◆와 단골들은 무당이 흔드는 꽃과 약수병을 보면서 죽음의 불안을 잊고 대왕의 재생, 대왕을 되살린 바리데기의

◆ 적장자를 통한 제사의 계승과 종족의 결집을 위해 마련된, 친족 제도의 기초가 되는 법.

◆◆ 굿을 할 때 늘 부르는 무당이나 마을굿을 할 때 굿을 준비하고 굿에 늘 참례하는 주민들을 이르는 말.

◆◆◆ 굿을 할 때 굿판의 재원을 대고 소원을 비는 사람.

바리공주 복색을 한
무녀

공덕에 감응한다.

　서울·경기 지역을 비롯한 다수의 〈바리데기〉는 죽음이라는
불안을 감추려고 하지만 함흥 지역의 〈바리데기〉는 죽음의 문제
를 노골적으로 폭로한다. 함흥의 바리데기 수왕이도 어머니를 살
릴 약물을 구하려고 서천서역국으로 간다. 수왕이는 거기서 훔쳐
온 약수와 꽃으로 상여에 실려 나가는 모친을 되살린다. 모친은
무속신화가 상투적으로 형상화하듯이 "아이고 잘도 잤다"하면서
일어난다. 여기까지만 보면 여느 〈바리데기〉와 다르지 않다. 문제

는 이어지는 사건에서 폭로된다.

구약救藥 여행을 거부한 여섯 명의 딸은 모친의 상여를 따라가지도 않는다. 대신 여섯 딸은 상여 뒤에 남아 모친이 남긴 살림살이를 서로 차지하겠다고 다툰다. 함흥 〈바리데기〉는 삶의 비루함을 감추지 않는다. 이 적대적인 모녀 관계는 연속되는 사건에서 극단에 이른다. 버렸던 막내딸 수왕이와 집으로 돌아온 모친은 저승의 보배를 가져왔다면서 숨은 딸들을 불러낸다. 덕주아 부인은 덕스러운 이름과 달리 딸들에게 보배가 아니라 살煞을 준다. 그것도 상문살喪門煞 · 극체살克體煞 · 괴강살魁罡煞✦ 등 살벌한 살을 준다. 자신을 배신한 딸들에게 죽음을 선물한다.

그런데 죽음이 여기서 그치지 않는다는 데 문제의 심각성이 있다. 죽은 딸들을 구덩이에 묻고 나니 수왕이가 앓기 시작한다. 왜 발병을 했는지는 구체적이지 않다. 덕주아 부인의 "미운 파리 잡다가 고운 파리 잡힌다더니"라는 푸념에 단서가 있기는 하다. '미운 파리 잡으려다가 성한 팔이 상한다' 혹은 '미운 파리 치려다 고운 파리 상한다' 등의 형식으로 변주되는 이 속담에는 미운 놈 벌주려다가 아끼는 것을 잃을 수 있다는 권계勸戒✦✦가 담겨 있다. 그러니까 미운 딸들 벌주려다가 자신의 목숨을 살린 막내딸까지 화를 입었다는 뜻이다. 결국 수왕이는 '삼일고개에 묻어달라'는 유언을 남기고 죽고 만다. 부활한 모친의 분노가 지나쳐 선을 악으로 갚는 우를 범한 셈이다. 삶이란, 아니 죽음이란 이처럼 어처구니없는 사건의 연속이다.

✦ 상문살은 상가에서 묻어온 부정한 기운으로 죽음을 부르는 살이고, 극체살은 몸에 각종 질병을 불러 일으키는 살이고, 괴강살은 성품이 포악하여 살생이 붙는 살이다.

✦✦ 잘못하지 않도록 타일러 주의를 주는 것.

이어지는 사건은 더 어처구니가 없다. 삼일고개에 딸을 묻은 모친은 삼우제三虞祭를 지내려고 삼일고개로 올라가다가 서인대사를 만난다. 서인대사는 덕주아 부인이 들고 있는 제물을 탐낸다. "할마니 일곱째 바리덕이가 생불이 돼 나와 앉아 할마니 올라오면 싹 잡아먹겠다고 하오." 죽은 딸이 굶주린 귀신이 되어 기다린다는 위협에 모친은 삼우제를 포기하고 제물을 대사에게 바친다. 대신 대사는 '윤동짓달 초하루에 절에서 재齋를 하니 구경 오라'는 '허언虛言'을 남긴다. '윤동짓달 초하루'는 실재하지 않는 날이기 때문이다. 죽었다 살아난 덕주아 부인은 대사의 헛소리를 믿고 '그날'을 찾아다니다가 '삼 년 묵은 보리 그릇'에 엎어져 죽는다. 허기를 채우려고 쉰밥을 먹다가 탈이 나 죽은 모양이다. 참으로 허망한 죽음이다.

함흥 〈바리데기〉는 서울·경기 지역의 〈바리데기〉처럼 바리데기를 미화하지 않는다. 죽음의 세계를 다녀온 바리데기의 구약여행을 숭고하게 여기지도 않는다. 오히려 죽음 자체를 직시한다. 공덕을 쌓은 바리데기도 어처구니없이 죽을 수밖에 없고, 되살아난 모친도 죽음을 피할 수 없다고 말한다. 마치 서울·경기의 어뷔(오구)대왕을 향하여 '살아나면 뭣해, 결국 죽을 텐데'라고 시비를 거는 듯하다.

함흥 〈바리데기〉의 죽음에 대한 인식은 신화를 풀어놓은 뒤 이야기를 마무리하는 노래 속에 집약되어 있다. "탈이로다 탈이로다 / 인생 탈도 탈이로다 / 전생 탈도 탈이로다 / 인생 탈을 걸어가구 / 전생 탈도 탈이로다" 인생 자체가 탈이라는 것이다. '탈'이란 질병 혹은 죽음의 다른 말이다. 함흥 〈바리데기〉는 불가피한

'탈'을 어떻게 할 것인가 묻는다. 죽음이라는 생명의 모순 혹은 역설을, 근원적이고 본질적인 불안을 환기한다. 이것이 바리데기 신화가 숨겨놓은 불안의 정체이다.

신탁 회피와 신탁 콤플렉스

무속신화의 인물들은 대개 불안하다. 대왕 부부는 아들이 없어서, 바리데기는 태어나자마자 버려졌으니 부모가 없어서 불안하다. 신하들은 왕의 병을 고칠 수 없어서, 여섯 딸은 약을 찾아 저승으로 가라고 할까 봐 두렵다. 함흥본 〈바리데기〉에서만 등장하는 저승길의 안내자들은 모두 제 팔자가 왜 이런지 몰라 걱정이다. 그래서 "저승에 가면 제발 내 팔자를 알아다 달라"라고 수왕이에게 당부한다. 아버지를 찾아가는 〈초공본풀이〉의 젯부기 삼형제, 자현장자에게 지속적 폭행을 당하는 〈이공본풀이〉의 원강아미와 아들 할락궁이, 아버지에게 입바른 말을 했다가 쫓겨난 〈삼공본풀이〉의 가믄장애기, 혼례 당일 마당과부가 된 〈도랑선비 청정각시〉의 청정각시의 불안 등등. 다양한 처지의 불안한 영혼들이 신화의 언어를 통해 굿판으로 올라온다.

불안이란 무엇인가? '불안' 하면 가장 먼저 떠오르는 철학자가 키르케고르다. 그에게 불안은 '자유의 가능성'으로 해석된다. 기독교적 세계관에서 벗어나지 않았던 그에게 불안은 자유를 선택한 인간의 숙명이다. 아담은 "선악과를 먹지 말라"라는 야훼의 금지를 어긴다. 먹으면 선악을 분별하게 되고 선악을 분별하게 되면 낙원을 잃게 되며 낙원을 떠나면 죽음이 기다리고 있지만, 최초의 인간은 죽음이라는 과일을 먹는다. 죽음이라는 본질적 불안에 사로잡히는 것이다. 이는 '무無의 불안'으로 표현되기도 하고, '공감적 반감' 또는 '반감적 공감'이라는 모순어구로 표현되기도 한다. 이 불안을 벗어나기 위해서 실존적 인간은 충동에 지배되는 감성적 삶, 이성의 법칙을 따르는 윤리적 삶을 넘어 신과

키르케고르의
'불안'에 대한 저술

마주하는 신앙적 삶의 단계로 나아가야 한다고 했다. 하지만 중요한 것은 인간의 실존이 자유의 가능성을 선택한 한, 다시 말해 죽음을 선택한 한 불안할 수밖에 없다는 것이다. 이를 받아 신학자 라인홀트 니부어는 불안을 "자유와 유한성이라는 역설적 상황에 존재하는 인간의 불가피한 정신상태"[8]라고 했다. 불안이 인간 실존의 숙명이라는 것이다.

　　키르케고르를 정신분석학의 선구자로 보는 라캉은 실존주의적 전통과 정신분석학적 전통을 통합한다. 홍준기에 따르면 키르케고르는 불안을 '무에 대한 불안'이라고 했지만 정확하게는 '차이의 무화無化에 대한 불안'이다. 불안은 '꿈꾸는 정신'이 갖는 상태인데, 꿈꾸는 정신이란 나와 타자 사이의 차이를 없애려는 정신이다. 이것은 나와 타자의 차이를 아는 '깨어 있는 정신'의 상대 개념이다. 꿈꾸는 상태는 성인이 된 인간이 실존의 공허함을 견딜

수 없어 퇴행한 상태, 모든 인간이 성장하기 위해 필연적으로 거쳐야 할 초기 상태라는 것이다. 이 초기 상태란 아담의 신화에서 알 수 있듯이 자유 혹은 속박으로 이행移行하기 전의 원초적 상황을 뜻한다. 이 원초적 불안 속에서 인간은 불안을 회피하기 위해 속박이나 자유로 이행한다. 속박이란 정신분석학적으로 보면 신경증 혹은 정신병과 같은 병리적 상태, 무력한 유아와 같은 절대적 의존 상태이다. 자유란 금지를 위반하고 선악과를 먹는 것인데, 정신분석학적으로 욕망의 주체가 되는 것이다.9 그리고 욕망의 주체10가 된다는 것은 불안의 주체가 된다는 것이다. 자유의 가능성을 탐색하는 한, 욕망하는 한 인간은 불안할 수밖에 없다. 그래서 신학자 폴 틸리히는 "불안은 극복 불가능한 것이고 가능한 것은 불안의 강도를 줄이는 것"11 뿐이라고 했던 것이다.

그런데 〈바리데기〉의 주인공들은 불안의 두 형식을 보여준다. 하나는 후손, 특히 아들의 부재가 낳을 가계의 단절, 왕권의 절단에 대한 불안이다. 다른 하나는 죽음에 이르는 질병에 대한 불안이다. 앞엣것이 드러나 있는 불안이라면 뒤엣것은 숨어 있는 불안이다. 한데 둘은 서로 엮여 있다. 대왕이 아들을 원하는 것은 왕위 계승 때문이고, 이는 남성 지배의 필수 형식이다. 이 형식은 유자의 나라인 조선시대에 이르면 한층 강화된다. 유교는 제사의 종교이다.12 후손의 지속이야말로 유교의 영생관이다. 그러니 후손의 단절이야말로 진짜 죽음이다. 종손의 단절이야말로 죽음에 이르는 질병이다. 대왕의 죽음은 단절의 공포를, 대왕의 부활은 지속의 환영을 보여준다. 함경도의 〈바리데기〉는 이 환영마저도 매몰차게 걷어차고 있지만 말이다.

문제는 이 죽음의 불안을 대면하는 주체의 태도이다. 어뷔대왕은 이중의 태도를 보인다. 불안을 해소하기 위해 박수무당을 찾아 신탁을 받지만 동시에 신탁으로부터 도망친다. 테바이의 라이오스 왕처럼 신탁의 실현이 두려워 도망친 것이 아니다. 대길년에 혼인을 해야 아들을 낳으리라고 했으나 조급증의 얼굴을 한불안감이 폐길년을 선택하게 만든다. 불안을 해소하기 위한 일종의 심리적 퇴행 형식으로 점괘를 받았지만, 그 점괘가 오히려 불안을 더하는 형국이다. 나아가 애써 얻은 신탁으로부터의 도피가 불안감을 강화하여 다시 신탁에 매달리게 만든다. 동해안 지역본의 경우, 딸을 내리 낳자 대왕은 다시 승려의 신탁에 매달리지 않았는가!

함경도 〈바리데기〉의 수차랑 선비와 덕주아 부인도 신탁을 무시하기는 마찬가지이다. 신탁으로부터 집요하게 도주하다가 "일곱 딸을 낳아 구족이 망하리라"라는 신탁을 현실로 만든다. 신탁의 역설이다. 이처럼 신탁에 집착하면서도 신탁을 회피하다가 오히려 신탁을 실현케 하는 신탁의 패러독스에 '신탁 콤플렉스Oracle complex'13라는 이름을 붙이고 싶다. 다음 장에서 다루겠지만 테바이의 라이오스와 오이디푸스 부자는 이 콤플렉스에 사로잡혀 비극으로 달려간다. 신탁의 절대화! 신탁 콤플렉스와 비극의 출발점이다.

첫 장에서 정리한 것처럼 신탁이란 '하지 말라'라는 금지의 형식으로, '하리라'라는 예언의 형식으로 온다. 아담은 먹지 말라는 금지의 명령과 먹으면 죽으리라는 예언을 받았고, 대왕은 "폐길년에는 혼인시키지 말라"라는 금지와 "대길년에 혼인시키면 삼동궁을 얻으리라"라는 예언을 함께 받았다. 그러나 하와와 아담은 동산 가운데 있는 열매를 먹어 죽음이 있는 세계로 추방되었고, 대왕 부부는 폐길년에 혼례를 강행하여 내리 딸을 낳고 죽음의 지경에 이른다.

신화적 금지는 대개 위반을 지참하고 있다. 금지를 위반해야 서사가 전개되기 때문이고, 위반 자체가 신화적 의미, 곧 욕망의 실체와 세계의 본질을 드러내기 때문이다. 기독교 『성서』 「창세기」에 등장하는 아담과 하와의 위반이 없었다면 인류는 시작되지 않았을 것이고, 대왕 부부가 위반하지 않았다면 바리데기의 구원의 서사는 펼쳐지지 않았을 것이다. 금지의 위반, 위반을 통한 추방과 죽음이야말로 욕망의 본질이고 생명의 역설이다. 그리고 인간은 위반하는 한 불안하다. 불안해서 신탁을 위반하지만 위반해도 불안은 없어지지 않는다. 그래서 대왕은 신탁이 불안해 신탁에 기대고 신탁으로부터 도피하기를 반복하는 것이다. 신탁은 불안과 회피 행위를 통해 실현된다.

신탁 콤플렉스와 천도굿

〈바리데기〉가 오구굿·새남굿 혹은 망묵굿 등의 이름으로 불리는 망자천도亡者薦度굿에서 불리는 무가巫歌라는 사실은 잘 알려져 있다. 죽은 자를 저승으로 정성껏 모시는 상징적 의례이자 산 자를 위로하는 치유의 의례가 천도굿이다.

무속을 포함한 전통적 관념에서는 죽음이 끝이 아니라 여겼다. 육체는 정지되었어도 혼령은 살아 있다고 생각했다. 그러니 망자천도굿은 망령亡靈의 불안을 해소하는 의례이기도 하다. 배경재 무녀는 〈바리데기〉 무가를 마무리하면서 "선망후망 아모망재[아무 망자], 선대조상 모시고 / 대대손손이 극락 가시는 날이로성이다[날이로소이다]"라고 노래하고 있다. 먼저 죽고 나중에 죽은 여러 조상을 모시고, 조상신들을 따라 새로 죽은 후손도 극락으로 가시라는 축복의 노래다. 극락에 이르면 망자亡者의 불안도 끝나리라는 위로의 노래다. 동시에 이 무가와 굿으로 망자의 천도굿을 의뢰한 생자生者들의 불안도 위안을 얻는다.

그런데 '대대손손 극락왕생을 비는' 무녀의 사설과 굿에는 구조적으로 신탁이 내재되어 있다. 〈바리데기〉의 대왕 부부는 상궁을 통해 박수무당에게 점복을 의뢰한다. 이 의뢰를 통해 박수무당은 신탁의 중개자가 된다. 신탁의 '발신자(신)-중개자(박수/점바치)-수신자(대왕)'라는 삼각 구조가 형성된다. 신탁에 대한 수신자의 태도에 따라 이 구조는 수신자의 불안을 감소시키기도 하고 증대시키기도 한다. 쇼펜하우어는 불안을 "자신에 집중하여 자기를 알아가는 과정"이라고 규정한 바 있는데, 대왕 부부는 자신에 집중하지 않고 점괘에 집중한다. 그래서 점복을 의뢰하는 순간, 주체는 신탁의 구조에 포획된다.

〈바리데기〉 신화를 재현하는 현장인 망자천도굿에도 같은 구조가 구현되어 있다. 기주祈主는 단골무당을 찾아가 망자의 저승 천도를 의뢰한다. 이 의뢰의 순간 저승과 이승 사이에 굿이라는 의례가 중개자로 자리잡는다. '이승-굿-저승'이라는 삼각 구조이다. 이 구조 속에서 굿이 실현되면 굿 속에서 중개자 무당은 "망자가

통영 오귀새남굿에서 〈바리공주〉를 구연하는 장면

저승(극락)에 들었으니 안심하라"라는 신탁을 중개한다. '발신자(오
구신)-중개자(무당)-수신자(기주)'라는 구조가 생성되는 것이다. 이
구조 속에서 불안은 일시적으로 유예된다. 물론 일시적 유예가 선
물하는 심리적 위안의 효과를 부정할 필요는 없을 것이다. 우리의
삶은 이런 효과에 의해 지속될 수도 있기 때문이다.

　　그러나 동시에 이런 무속신화의 구조, 굿의 구조가 신탁 콤
플렉스를 생산한다는 사실도 인정해야 한다. 함경도 〈바리데기〉
의 수왕이는 모친의 약을 구하러 저승으로 가는 길에 다리 놓는
생원, 방아 찧는 할머니, 체를 둘러쓴 할머니 등을 만난다. 이들은
모두 서천서역국으로 가는 길을 묻는 수왕이에게 한 가지 제안
을 한다. "서천서역국에 가서 내 죄상을 알아다주면 길을 가르쳐
주지." 제주 신화 〈원천강본풀이〉의 오늘이가 자신의 정체성을 찾

아 원천강으로 가는 길에 만나는 장상이와 매일이, 연꽃과 천하대사天下大蛇도 유사한 제안을 한다. 이들은 모두 자신이 겪고 있는 불안과 불운의 정체를 묻고 있다. 왜 이런 고생을 하면서 다리를 놓고 방아나 찧고 있는지, 내가 무슨 죄를 지어 이승의 삶이 이 모양인지 불안한 것이다. 왜 매일 책이나 읽고 있는지, 꽃이 무성하지 않은지, 용이 되어 승천하지 못하는지 불안한 것이다.

문제는 이들이 모두 자신의 정체성, 불안의 실체와 대면하지 않고 서천서역국이나 원천강에 위임한다는 데 있다. 신탁 발신자의 상상적 처소로 가는 수왕이와 오늘이에게 제 운명을 맡겨버린다. 이 의뢰를 통해 수왕이와 오늘이는 중개자, 곧 무당의 자격을 획득한다. 서울·경기 지역의 〈바리데기〉가 바리데기를 무조신巫祖神, 곧 무당의 조상신이라고 부르는 데는 이유가 있다. 무당들 스스로 자신의 존재성을 바리데기와 동일시하고 있는 것이니까 말이다. 수왕이와 오늘이에게 자신의 불안한 존재성을 위임하는 순간 위임자들은 반복적으로 신탁 앞으로 불려 나올 수밖에 없다. 위임자는 신탁의 구조를 벗어나지 못하고, 신탁 콤플렉스에 포획되어 신탁 안에서 신탁을 재생산하게 된다. 마침내 신탁을 현실화한다.

알튀세르는『이데올로기와 이데올로기적 국가장치』에서 "이데올로기는 개인들을 주체들로 호명한다"라고 말한 바 있다.14 야훼가 불타는 떨기나무의 이미지로 모세를 불렀을 때 모세는 그 호명에 응하여 고개를 돌린다. 대주체(신)와 주체 사이에, 호명자와 피호명자 사이에 이데올로기적 관계가 구성된다. 이 관계 속에서 야훼는 모세와 히브리인들의 거울이다. 알튀세르는 라캉의

원천강본풀이의 불안한
존재들(애니메이션 〈오늘이〉)

'거울 구조'를 참조했다. 거울 구조 속에서 거울단계에 있는 아이
가 받아들이는 자신의 거울 이미지는, 이미 존재하는 아이의 동일
성을 비추는 것이 아니라 아이의 모습을 비추면서 동시에 아이의
동일성을 구성한다. 따라서 자아의 동일성 혹은 주체의 동일성은
원초적으로 허구이고, 원초적으로 소외된 동일성이다. 이 거울 구
조 속에서 주체로 호명된 개인은 대주체에 종속되고, 주체와 대주
체 사이 그리고 주체들 사이의 상호 (재)인지를 통하여, 결과적으
로 주체의 자기 자신에 대한 재인지를 통하여 만사는 명약관화해

진다. 다시 말해 야훼-모세/히브리인이라는 삼자의 관계를 통해, 모세 자신도 히브리인들도 야훼가 선택한 지도자로 모세를 인지하게 되는 것이다.

그러나 불안은 근본적으로 주체를 흔든다. "아멘"으로 불안은 해소되지 않는다. 그래서 주체는 대주체의 신탁을 향해 계속 고개를 돌리는 것이다. 대왕이 신탁을 절대적 보증으로 여겼다면 대길년까지 기다렸을 것이고, 〈바리데기〉 신화는 중단되거나 전혀 다른 서사가 되었을 것이다. 히브리인들이 신탁의 중개자인 모세에 대해 신뢰와 불신을 반복했듯이, 어비대왕은 박수무당 혹은 대사의 신탁을 불신했다가 '믿었어야 했는데' 하고 후회한다. 개인이 대주체의 호명에 응답하여 고개를 돌릴 때, 다시 말해 주체화될 때 주체는 신탁 콤플렉스라는 증상을 드러낸다. 그리고 굿 혹은 의례는 이 증상을 강화한다.

3장 라이오스-오이디푸스의
신탁 콤플렉스

오이디푸스의 불안과 신탁

오이디푸스는 불안했다. 코린토스에서 성장한 오이디푸스는 힘에서는 동기들에 앞섰다. 뛰어난 놈은 질시의 대상이 되는 법, 또래들은 그를 "주워 온 아이"라고 놀렸다. 아버지 폴뤼보스 왕은 "내 아들이 분명하다"라고 안심시켰지만 불안감은 줄지 않았다.

이복형제들의 위협을 피해 동부여를 탈출했던 주몽은 아들 유리를 남긴다. 유리는 어떤 부인이 이고 가는 물동이를 쏘아 구멍을 뚫었다가 "애비 없는 놈"이라는 꾸중을 듣는다. 그래서 모친 예씨에게 아버지가 누구냐고 묻자 "아버지가 없다"라는 장난스런 대답이 돌아온다. 유리는 슬피 운다. 유리의 눈물에는 불안이 담겨 있다. 그러나 유리의 불안은 "네 아버지는 천제의 손자이자 하백의 외손"이라는 말을 듣는 순간 사라진다. 하지만 오이디푸스의 불안은 부왕의 보증에도 불구하고 사라지지 않는다.

오이디푸스를 사로잡고 있던 불안이라는 괴물은 결국 그를 델포이로 이끈다. 델포이는 미래를 예언하는 아폴론Apollon의 신탁을 들을 수 있는 신전이 있는 곳이다. 그리스인들은 델포이를 옴파로스, 곧 우주의 배꼽이라고 불렀다. 세계의 중심이란 뜻이다. 배꼽의 무녀는 신탁을 전한다. "그러자 신은 그에게 조국으로 가지 말라고 말했다. 아버지를 죽이고 어머니와 결합할 것이기 때문이라는 것이다."1 『아폴로도로스 신화집』의 이 문장을 신탁 형식의 언어로 그럴듯하게 옮기면 이렇다. "네 나라로 돌아가지 말라. 돌아가면 아비를 죽이고 어미와 동침하리라." 끔찍한 예언형 신탁이다. 바위만 한 불안을 치우러 신전에 올랐다가 산山만 한 불안에 깔린 셈이다.

불안의 옷을 벗으려고 받은 신탁이 오히려 오이디푸스를 극도의 불안 상태로 몰아세운다. 이런 신탁을 듣고 조국으로 돌아갈 청년이 있을까? 오이디푸스는 코린토스로 가지 않고 유랑한다. 여기에는 비극적 오인誤認이 있다. 신이 말한 조국은 그를 버린 아버지의 나라 테바이였다. 하지만 그 사실을 몰랐던 오이디푸스는 코린토스를 조국으로 오해한다. 신탁에 대한 오인으로부터 다음 비극이 발생한다.

테바이에 전염병이 돌자 라이오스 왕은 신탁을 받으려고 델포이로 올라간다. 오이디푸스는 "코린토스를 버리고서 마차를 타고 포키스를 지나가다가 어떤 좁은 길에서 마차를 타고 오고 있는 라이오스를 만나게 된다. 그런데 폴뤼폰테스✦가 비켜서라고 명령하고는, 복종치 않고 지체한다 하여 그의 말 두 마리 중 하나를 죽이자, 그는 분노하여

✦ 라이오스의 전령.

60

폴뤼폰테스도 라이오스도 죽여버렸다. 그리고 테바이로 갔다."[2]
태어나자마자 버린 아들을 아버지는 알아보지 못했고 아들은 당연히 생부를 몰랐다. 라이오스는 신탁을 찾다가, 오이디푸스는 신탁을 피하다가 살부殺父 사건에 휘말린다. 운명을 피하려다가 운명의 그물에 포획된 셈이다.

사실 이 운명은 아버지 라이오스 왕의 불안에서 비롯된 것이다. 테바이의 지도자 라이오스에게는 왕위를 물려줄 아들이 없었다. 그는 박수무당을 찾은 〈바리데기〉의 대왕처럼 델포이 신전으로 가 신의 뜻을 묻는다. 그러자 신전 무녀의 입에서, 지구상에서 가장 유명한 신탁이 흘러나온다. "아들을 낳으면 아들이 아버지를 죽이고 어머니와 동침하리라!" 나중에 오이디푸스를 향해 다시 한번 예언될 바로 그 신탁이다. 아들을 얻을까 하여 신탁을 구했다가 오히려 목숨을 잃으리라는 신탁을 들은 라이오스의 불안은 그를 왕비로부터 멀어지게 만든다. 그러나 포도주가 문제였다. 포도주로 불안을 밀어내보려 했으나 그 포도주가 라이오스를 왕비와의 동침으로 이끌었다. 일곱째 딸을 낳지 않으려고 부인을 피하던 수차랑선비의 눌린 성욕이 접근 금지 약조를 깨어버렸듯이, 결국 라이오스의 불안이 오이디푸스를 태어나게 한 것이다.

낳지 말았어야 했는데 태어났으니 차선책은 하나밖에 없다. 아이를 제거하는 방법이다. "그래서 태어난 아기를, 발목을 꼬챙이로 꿰어 목자에게 내다 버리도록 준다. 그 목자가 아기를 카타이론 산에 내다 버렸으나, 코린토스인들의 왕인 폴뤼보스의 목동들이 아기를 발견하여 왕의 아내인 페리보이아에게 가져다주었다. 그녀는 아이를 받아서 자기 아들로 삼고, 발목을 치료하고는 오이디푸스Oidipous로 불렀다. 그의 발pous이 부었기anoidesai 때문에 이 이름을 붙인 것이다."[3] 그래서 라이오스의 차선책도 실패로 돌아간다. 이 실패에는 목동의 연민도, 아기를 원했던 페리보이아의 기원도 한몫을 했을 것이다. 하지만 근인根因은 그토록 원했던 아들을 유기한 라이오스의 불안이었다. 이제 아버지의 불안은 아들의 불안으로 전이된다. 오이디푸스 신화에서 불안은 유전된다.

장영란은 비극의 원인을 라이오스 집안에서 찾는다. 오이디푸스의 비극적 운명은, 자기 행위의 결과가 아니라 아버지 라이오스가 저지른 범죄행위에 대한 형벌[4]이라고 말한다. 라이오스는 테바이의 건설자 카드모스의 후손이다. 라이오스의 아버지는 테바이에 새로운 왕조를 연 라브다코스였는데 그의 계승자 라이오스는 나이가 어렸다. 라이오스는 왕권을 빼앗겼고, 이웃인 코린토스의 펠롭스 왕에게 자신을 의탁한다. 그런데 여기서 '범죄'가 발생한다. 라이오스는 펠롭스의 아들 크뤼시포스를 사랑했으나 거절당하자 강간을 저지른다. 분노한 펠롭스는 라브다코스의 혈통이 끊어지리라는 저주를 퍼부으면서 라이오스를 추방한다.[5] 후에 라이오스는 다시 테바이의 왕권을 회복하지만 그는 이미 죄를 지은 사람이고 "그리스 신화에서 한 번 지은 죄의 값은 반드시 치러야"[6] 한다는 것이다. "그리스 신화와 비극에 등장하는 인간은 철저하게 인과응보의 법칙에 지배를 받"[7]기 때문이다.

하지만 인과응보가 왜 실현되는가에 대해서도 생각해봐야 한다. 인과응보는 자동적 법칙인가? 아버지 라이오스의 동성 강간이라는 원인이 아들 오이디푸스에 의한 피살이라는 결과로 실현되는 데는 라이오스의 불안이 큰 몫을 한다. 사실 코린토스에서

오이디푸스의 라이오스 살해

의 추방도 어린 나이에 왕위를 승계하다가 왕권을 빼앗겼기 때문이다. 아버지 라브다코스가 일찍 아들을 얻었더라면 왕권 탈취도 추방도 없었을 것이다. 아버지의 전철을 밟을까 봐 불안했던 라이오스는 델포이의 신탁에 의존한다. 불안을 벗기 위해 받은 신탁이 어렵게 얻은 아들을 버리게 했고, 버렸기 때문에 아들에게 피살당하는 응보에 이른 셈이다.

불안과 신탁은 인과와 응보를 잇는 다리이다. 이 다리가 없다면 원인과 결과는 하나의 이야기로 구성되지 않는다. 그러므로 인과응보의 심연을 봐야 한다.

스핑크스와 테바이의 불안

객사한 라이오스의 주검을 거둔 것은 플라타이아인들의 왕 다마시스트라토스Damasistratos였다. 플라타이아는 테바이 남쪽에 있는 도시국가였는데 다마시스트라토스는 파르나소스산 부근을 지나가다가 버려진 라이오스를 보고 매장해준다. 그렇다면 테바이의 왕권은 어떻게 되었을까? 메노이케우스의 아들 크레온이 왕위를 차지한다. 크레온은 라이오스의 아내 이오카스테와 남매간이니 오이디푸스의 외삼촌, 나중에는 처남이 되는 인물이다.

그런데 크레온이 테바이를 "다스리는 동안 작지 않은 재난이 테바이를 덮친다. 헤라가 스핑크스를 보냈던 것이다. 그것은 에키드나를 어머니로 하고 튀폰을 아버지로 하여 난 것으로, 여성의 얼굴을 하고 있었으나 사자의 가슴과 다리와 꼬리, 그리고 새의 날개를 가지고 있었다. 그것은 무사이들에게서 수수께끼를 배워서는 피키온산에 앉아 테바이인들에게 이 문제를 내놓곤 했다. 그 수수께끼는 이러한 것이었다. 즉 하나의 소리phone를 가지면서 네 발이고 두 발이고 세 발인 것은 무엇인가 하는 것이다. 그런데 테바이인들에게는 그 수수께끼를 풀 때에야 스핑크스로부터 풀려날 수 있다는 신탁이 있었고, 그래서 그들은 자주 한곳에 모여서 답이 무엇인지 찾고자 했다. 그런데 스핑크스는 답을 찾지 못하면 한 사람을 채어다가 먹어버리곤 했다. 그래서 많은 사람이 죽었는데, 마지막에 크레온의 아들 하이몬이 죽자, 크레온은 그 수수께끼를 푸는 사람에게는 왕권과 라이오스의 아내를 주겠다고 선언했다."[8] 테바이는 위기에 처해 있었고 위기는 영웅을 부르는 법이다. 수수께끼를 풀고 테바이를 구원할 영웅이 마침내 나타난다. 바로 신탁을 피해 유랑하던 오이디푸스였다.

테바이의 집단적 불안을 불러일으키고 있는 스핑크스는 무엇인가? 2세기 아테나이[*]의 문법학자로 알려진 아폴로도로스는 그것을 '헤라'가 보냈다고 했다. 헤라는 올림포스 열두 신의 하나로 제우스의 부인이자 가멜리아Gamelia(결혼)라는 별명을 지닌 결혼의 신이다. 동시에 질투와 복수의 화신으로 그리스 신화에 등장한다. 그런데 라이오스가 신탁을 무시하고 술김에 이오카스테와 동침하여 아이를 낳았고, 게다가 그 아이를 버리기까지 했으니 결혼생활을 수호해야 하는 신 헤라의 분노를 샀을 법하다. 헤라가 스핑크스를 보내 테바이를 죽음의 공포로 몰아넣은 이유가 여기에 있다.

스핑크스sphinx는 본래 이집트가 기원이다. 가장 오래된 스핑크스 조각상이 이집트 기자 고원에 남아 있기 때문이다. 스핑크스는 사자의 몸에 인간의 얼굴을 지니고 있는데, 기원전 2600-2500년경에 이 지역을 지배했던 파라오 카프라Khafra의 얼굴로 보는 것이 일반적인 견해이다. 피라미드를 배경으로 조각되어 있는 거대한 스핑크스는 오늘날 이집트를 대표하는 이미지이다. 기자의 스핑크스는 이집트에 있지만 동물과 인간의 몸을 합성하는 상상력이 이집트에만 있었던 것은 아니다. '하이브리드'는 세계 신화 속에 두루 등장하는 보편적 상상력이다.

덕흥리 고분에 그려진 고구려의 인면조人面鳥 천세千歲와 만세萬歲도 그런 사례의 하나다.

그런데 아폴로도로스는 어머니 에키드

이집트 기자의 대스핑크스

나와 아버지 튀폰 사이에서 '여성의 얼굴+사자의 가슴·다리·꼬리+새의 날개'를 갖춘 하이브리드로 태어난 괴물이 스핑크스라고 적고 있다. 이들 부모 가운데 어머니 에키드나 쪽이 중요하다. 에키드나는 '살모사 여자'라는 뜻인데 하반신은 뱀이고 상반신은 아름다운 여자이기 때문이다. 어머니 역시 하이브리드란 말인데, 그녀는 스핑크스만이 아니라 케르베로스, 히드라, 키마이라 등의 하이브리드 괴물을 낳는다.[9] 아버지 튀폰도 엄청난 힘을 지닌 거대한 괴물인데, 태풍typhoon의 어원이라는 점에서 알 수 있듯이 지중해나 에게해에 불던 태풍의 신격화로 보인다. 1차 페르시아전쟁 당시 페르시아 해군을 침몰시킨 태풍 말이다. 중요한 것은 튀폰과 결합하여 스핑크스를 낳은 에키드나가 본래 소아시아 아리마Arima[10] 지방의 화산 동굴[11]의 여신이라는 사실이다. 이 동굴은

기원전 530년 이전에
만들어진 그리스
아티카의 스핑크스

오늘날 튀르키예 남부의 관광지가 되었지만 고대 페르시아제국
에 속한 곳이었다. 에키드나와 스핑크스는 말하자면 그리스 신들
의 계보 속에 편입된 외래신들이고, 적대적 세력들의 상징물이다.
이들이 하이브리드 괴물이어야만 하는 이유를 알 만하지 않은가?

　이집트에서 왕권을 상징하는 신이었다가 페르시아 문화와
만나 새의 날개까지 갖춘 것으로 보이는 스핑크스는 그리스에 와
서 '괴물'이 되었다. 그러니 복수의 여신 헤라가 테바이에 보내기
에 가장 적합한 악신惡神이 아니었겠는가. 적대자들의 신인 데다
가 문학과 예술을 관장하는 신 무사이Mousai에게서 수수께끼로 상
대방을 골탕 먹이는 기술까지 배운 무서운 신이었기 때문이다. 스

오이디푸스와 스핑크스

핑크스는 테바이로 들어가는 피키온산에 자리잡고 수수께끼로 테바이 젊은이들을 죽였다. 테바이인들은 집단적 공포에 시달린다. 테바이의 왕 크레온은 왕권과 자신의 누이인 라이오스 왕비까지 걸고 이 공포의 해결사를 구할 수밖에 없었다.

　스핑크스는 인류사에서 가장 유명한 수수께끼로 테바이의 하늘에 불안의 먹구름을 깐다. "하나의 소리phone를 가지면서 네 발이고 두 발이고 세 발인 것은 무엇인가?" 아폴로도로스의 이 문장은 전설에 따라 "목소리는 하나뿐인데 때로는 두 다리로 때로는 세 다리로 때로는 네 다리로 걷되 다리가 가장 많을 때 가장 허약한 동물이 무엇이냐?"로 변이되기도 하고, 수수께끼가 하나 더 추가되기도 한다. "두 자매가 있는데 서로 번갈아 낳아주는 것은 무엇이냐?"12가 두 번째 수수께끼이다. 우리 모두 알고 있듯이 둘째 수수께끼의 답은 밤낮이고, 첫째 수수께끼의 답은 오이디푸스의 입에서 흘러나온 대로 '사람'이다. "그러자 스핑크스는 아크로폴리스에서 몸을 던졌"13다고 아폴로도로스는 기록했고, 오비디우스는 "라이오스의 아들이 그 이전 사람들의 재능으로는 이해할 수 없었던 수수께끼를 풀자 그 어두운 예언녀는 거꾸로 떨어져 자신의 수수께끼들도 잊은 채 누워 있었소"14라고 노래했다. 스핑크스가 죽자 테바이의 불안도 죽는다.

테바이의 집단적 공포를 조장했던 수수께끼의 답이 인간이라는 것, 그 해답을 신탁을 피해 유랑하던 오이디푸스가 풀었다는 것은 무슨 뜻일까? 아폴론의 신탁을 듣게 하고, 동시에 신탁을 배신하게 만든 라이오스의 불안에서 테바이의 공포는 비롯되었다. 왕의 불안이 도시의 불안을 불렀다. 왕의 불안은 애초에 왕권의 승계에 대한 불안이었다. 계승자가 없으면 왕권은 죽는다. 따라서 죽음에 대한 불안이 부른 신탁은 다른 죽음으로 이어지는 문이다. 라이오스의 불안은 오이디푸스의 죽음을 기획하게 했고, 스핑크스가 불러온 죽음의 공포는 무수한 테바이의 청년을 죽음으로 인도했다.

그런데 이 죽음의 행렬을 멈춘 영웅이 오이디푸스다. 오이디푸스는 이오카스테와 결혼하고 테바이의 왕이 되었다. 죽음을 벗어난 도시는 환희로 넘쳤다. 오이디푸스는 아들 둘에 딸 둘까지 얻는다. 하지만 평안은 지속되지 않는다. 테바이에 전염병이라는 이름의 죽음이 다시 찾아왔고, 전염병은 다시 신탁을 부른다. 델포이 신전에 내린 아폴론의 신탁은 "라이오스를 죽인 자를 처벌해야 전염병이 사라지리라"는 것! 오이디푸스는 신탁에 매달려 범인 수색에 집착한다. 결국 "숨겨졌던 것이 나중에 드러나서, 이오카스테는 스스로 올가미에 목을 맸고, 오이디푸스는 눈이 먼 채 테바이에서 쫓겨났다."15 그래서 "오이디푸스의 진정한 비극은 아버지를 죽이고 어머니와 동침한 것이라기보다는 바로 그 같은 '조사'였다"16라는 평가도 가능해진다. 그러나 조사 이전에 신탁에 대한 집착이 있었고, 신탁 이전에 불안이 있었다. 신탁을 묻지 않았다면 조사도, 비극도 없었을 것이다.

그러니 오이디푸스가 테바이의 왕이 되고 어머니와 결혼할 수 있도록 길을 열어준 "사람"이라는 해답은 오이디푸스 부자를 포획했던 불안과 그들이 집착했던 신탁의 맥락에서 해석해야 한다. "아기일 때는 네 다리로 기어다니니 네 발이요, 장성해서는 두 발이고, 노인이 되어서는 지팡이를 세 번째 다리로 더해 가지기 때문"17이라는 아폴로도로스의 해설은 단순히 인생의 사이클에 따른 신체의 상태를 말하는 것은 아니다. 이 은유 속에는 인간에 대한 신화적 통찰이 들어 있다. 할아버지 라브다코스는 '절름발이'라는 뜻이고, 오이디푸스는 두 발이 꼬챙이에 꿰어진 채 버려졌기 때문에 '부어오른 발'이란 뜻이 아닌가.18 이 같은 자신의 '신체성' 때문에 수수께끼를 풀 수도 있었겠지만, 지팡이를 짚어야 설 수 있는 인간의 형상이란 타자 없이는 기립 불가능한 인간의 불안한 존재성을 상징한다.

스핑크스의 수수께끼를 못 풀면 두 발로 서 있는 테바이의 젊은이들처럼 죽어야 한다. 그러나 수수께끼를 풀어도 확인되는 것은 죽음이라는 인간의 불안한 존재성이고, 신탁이라는 거미줄에 걸린 오이디푸스 자신의 죽음이었다. 오이디푸스는 천장에 목을 맨 어머니이자 아내인 이오카스테를 발견하고 "그녀의 옷에 꽂힌 브로치로 자신의 두 눈을 찌른다."[19] 죽음 같은 치욕 속에서 추방된 오이디푸스는 딸 "안티고네와 함께 앗티케의 콜로노스로 가서", "얼마 지나지 않아 죽었다".[20]

오이디푸스 콤플렉스에 포획된 오이디푸스 신화

19세기 말 무의식을 개념화하고 꿈이 무의식의 활동이라는 이론을 구축해가고 있던 지그문트 프로이트(1856-1939), 그는 신화를 꿈과 유비적+ 관계에 놓고 분석했다. 『꿈의 해석』(1900)에서 그는 이렇게 썼다.

> 그의 운명이 우리를 감동시키는 이유는 그것이 우리의 운명이 될 수도 있고, 출생 전의 신탁이 우리에게도 똑같은 저주를 내릴 수 있기 때문이다. 우리는 모두 어머니에게서 최초의 성적 자극을, 아버지에게서 최초의 증오심과 폭력적 희망을 품는 운명을 짊어지고 있는지도 모른다. 우리의 꿈은 그것이 사실이라고 우리에게 설득시킨다.[21]

+ 서로 다른 사물 사이에 존재하는 동일성 또는 두 사물이 여러 모로 비슷하다는 것을 근거로 다른 속성도 유사하리라고 추론하는 것.

오이디푸스 신화에 나타나는 델포이의

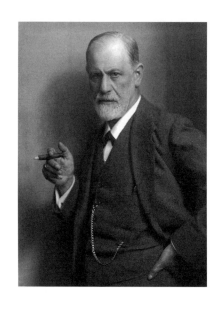

오이디푸스 콤플렉스를 창안한
정신분석학자 프로이트

신탁은 우리 모두의 운명이 될 가능성이 있는데, 그것은 우리 모두가 어머니에게서 최초의 성애적 자극을 받고 그것을 방해하는 아버지에 대한 증오의 심리를 형성할 가능성이 있기 때문이다. 꿈을 분석해보면 그 과정에서 억압된 무의식이 확인된다고 프로이트는 해석했다. 오이디푸스 신화가 심리적 기제인 콤플렉스와 만나 오이디푸스 콤플렉스로 개념화된 것은 「남자의 대상 선택, 특별한 유형」(1910)이지만 이 아이디어는 훨씬 이전으로 소급된다.

그는 1897년 10월 이비인후과 의사인 빌헬름 플리스에게 보낸 편지에서 "다른 경우와 마찬가지로 내 경우에도, 어머니에 대한 사랑의 감정과 아버지에 대한 질투의 감정을 발견했다. 내가 생각하기에 그것은 모든 어린아이의 공통된 감정이고, 모든 사람은 언젠가 오이디푸스의 싹을 품었고, 상상 속에서 오이디푸스였다"²²라고 썼다. 프로이트 자신의 '상상적' 경험에서 비롯된 이 아이디어는 프로이트 정신분석학의 주요 이론이 된다.

그는 4-6세까지 지속되는 남근기phallic stage에는 거세불안去勢不安을 동반한 오이디푸스 콤플렉스, 즉 남아가 어머니와 자고 싶은 욕망과 욕망을 방해하는 아버지를 제거하고자 하는 요구가 형성된다고 보았다. 그리고 이 콤플렉스는 아버지로 상징되는 초자아에 의해 억제되어야 해소되며, 해소의 정도에 따라 성적 정체성과 성인기의 이성에 대한 태도가 결정된다고 생각했다. 프로이트는 오이디푸스 콤플렉스와 그것의 해소를, 성장과정에서 보편적으로 거치게 되는 법칙으로 규정한 것이다.

이후 오이디푸스 콤플렉스 이론은 사회인류학적 논제로 확장된다. 「토템과 터부」(1913)에 이르면 토템 동물은 아버지에 대한 감정의 전이물로 해석된다. 토템 향연에서 숭배하던 동물을 살해하는 것은 억압되어 있던 본능의 분출인데, 이 살해의 죄의식을 완화하고 아버지와 화해하기 위해 더 강하게 아버지에게 복종하게 된다는 것이다. "살인하지 말라"는 『성서』의 계명(터부)도 여기에서 비롯되었다고 주장한다. 그래서 '토템과 터부'는 인류 문명의 바탕이 되는 것이며, 이 문화의 심층에 오이디푸스 콤플렉스가 있다고 했다. 마침내 프로이트는 "나는 종교, 도덕, 사회, 예술의 기원이 오이디푸스 콤플렉스에 집중되어 있다는 주장을 결론으로 삼고자 한다"²³라고 쓴다. 이런 관점은 최후의 논문인 「모세와 유일신교」(1939)에서도 반복된다.

지금부터 나는, 내가 지금까지 검토해온, 신경증의 특성을

어느 정도 명확하게 보여주는 사례 하나를 소개하고자 한
다. 우리는 이 하나의 사례가 모든 것을 다 설명하게 될 것
이라고 기대해서는 안 되겠고, 내용이 유사 현상을 찾아내
는 것과 관련되어 있는 우리의 주제와 동떨어져 보인다고
해서 실망할 필요도 없다.

중류 가정에 한 사내아이가 태어나서 얼마 되지 않아 부모
와 잠자리를 같이하면서, 정기적으로 부모의 성적인 행위를
접할 기회가 있었다. 이 아이는 말을 채 배우기도 전에 부모
의 성행위를 실제로 보고 그 소리를 들었던 것이다. 몽정이
자연스럽게 시작될 시기가 되자 이 아이는 신경증 증상을
보였는데, 가장 먼저 나타난, 가장 성가신 증후가 수면 장애
였다. 그는 한밤중에 들려오는 소리에 특히 민감했고, 밤중
에 일단 잠을 깨면 다시는 잠을 이루지 못했다.

…

이러한 경험을 통해 조속한 공격적 남성 본능을 드러내게
된 이 아이는 손으로 생식기를 자극하고, 어머니에게 갖가
지 성적인 공격을 시도하기 시작했다. 그러니까 이 아이는
자기 자신을 아버지와 동일시하고, 아버지의 자리에다 자신
의 위치를 상정하고 있었던 것이다. 이런 날이 계속되던 어
느 날 어머니는 아이에게 생식기에 손대는 것을 금지시키
면서, 다시 거기에 손을 대는 날에는 아버지에게 이르겠다
고 아이를 위협했다. 어머니는, 아버지가 이 사실을 알게 되
면 벌로서, 죄악의 씨앗인 생식기를 잘라버릴 것이라고 한
것이다. 이 거세의 위협이 아이에게는 무시무시한 심적 외

상의 효과를 미치게 되었다. 이때부터 아이는 일체의 성적인 행위를 포기했다.[24]

죽음을 앞둔 이 논고에서 프로이트는 1897년에 떠올렸던 생각으로 돌아가 '익숙한 사례'를 반복하면서 '초기의 심적 외상-방어-잠복-신경증의 발병-억압당하고 있던 것들의 부분적인 회귀'라는 신경증 전개의 공식을 거론한 뒤, 인류사 역시 개인사와 유사한 현상을 드러내리라고 가정하고 "이런 사건의 증후와 유사한 결과가 바로 종교현상"이라고 주장한다.[25] 신화 속의 오이디푸스는 프로이트에게 포획되어 오이디푸스 콤플렉스라는 신경증을 지닌 인물로 규정되고, 이 오이디푸스 콤플렉스는 인류의 피할 수 없는 운명이 된다. 그리고 이 공통의 운명에서 인류의 종교와 문명이 비롯되었다는 해석에까지 도달하게 된다.

그런데 이런 프로이트의 시각은, 그가 정신분석학회라는 배타적인 서클을 만들어 방어해나갔음에도 불구하고 심각한 비판에 봉착한다. 맑스와 프로이트를 결합하여 사회심리학을 개척했다고 평가받는 에리히 프롬은 어머니에 대한 집착과 부자간의 갈등 구조를 발견하고 주목한 프로이트의 업적을 평가하면서도 그것을 성적 문제로 환원한 프로이트의 인간관 때문에 발견의 의미가 축소되고 왜곡되었다고 비판했다. 더 신랄한 비판은 그동안 숨겨져 있던 그의 편지 등을 분석하여 미셸 옹프레가 새로 쓴 평전 (2010)에 나타난다. 옹프레는 "어린이의 소원, 벌거벗은 어머니를 본다는 발상에서 시작된 프로이트의 이론은 추상적인 관념을 차곡차곡 쌓아올리면서, 자신이 직접 체험한 것들에 대해 언급하며 모든 사람이 자신과 동일한 경험을 했을 것이라고 단정했다"[26]라고 말했다. 말하자면 프로이트가 자신의 개인적인 경험을 일반화하는 오류를 범했다고 비판하고 있는 것이다. 그는 이 과정에서 프로이트가 임상 사례를 조작하고 가상의 환자를 만들어냈다고 지적한다. 옹프레의 비판은 "오이디푸스 콤플렉스는 모든 사람에게 일반화하기 어려운 현상이다. 오로지 지그문트 프로이트의 유아적인 소원일 뿐"[27]이라는 데서 극점에 이른다. 프로이트는 스스로를 오이디푸스와 동일시했다는 것이다.

　　미셸 옹프레의 평전 이전에 프로이트의 정신분석학을 철학적으로 해체한 이들이 질 들뢰즈와 펠릭스 과타리다. 이들은 『안티 오이디푸스』라는 공동 저작을 통해 오이디푸스 콤플렉스와 정면으로 맞섰다. "중요한 건, 부모의 삶과 사랑의 중요성을 부정하는 것이 아니다. 중요한 건, 욕망적 생산에서 부모의 위치와 부모의 기능이 무엇인지를 아는 것이요, 거꾸로 욕망 기계들의 모든 작동을 오이디푸스의 제한된 코드로 복귀시키지 않는 것이다."[28] 요컨대 욕망이란 고구마 줄기처럼 사방팔방으로 뻗어나가는 것인데 그것을 '교의dogma'✦로서의 오이디푸스로 환원하는 것, '엄마-아빠-나'라는 삼각형의 '특수 오이디푸스'로 수렴하는 것은 오이디푸스 제국주의라는 비판이다. 이들은 오이디푸스화Oedipalization하는 것보다 "오이디푸스의 속박을 풀어 도처에서 욕망적 생산들의 힘을 다시 발견하고, 정신분석 기계, 욕망 그리고 생산의 연줄을 현실계에 다시 연결하는 것이 중요하지 않을까?"[29]라고 묻고 있는 것이다. 오이디푸스가 중요한 것이 아니

✦ 종교 조직의 신조信條처럼 의심이나 질문 없이 어떤 집단에 의해 받아들여지는 신념이나 믿음의 체계.

라, 오이디푸스화를 넘어서는 욕망의 생산성이 더 중요하다는 관점이다.

그렇다면 최근의 진전된 진화심리학의 시각은 어떨까? "진화심리학자 마틴 데일리Martin Daly와 마고 윌슨Margo Wilson은 프로이트가 두 종류의 부모-자식 갈등을 혼동했다고 지적한다. 첫째, 어린이들은 엄마를 놓고 아빠와 경쟁하지만, 이는 성관계가 아니라 엄마의 관심을 얻고자 벌이는 경쟁이다. 둘째, 성장한 아들은 아빠와 성관계 상대를 놓고 경쟁할 수 있지만, 그 성관계 상대는 엄마가 아니다. 어른이 된 아들이 나이 든 친엄마에게 성적으로 끌리기는 거의 불가능하다. 게다가 근친상간 결과 태어난 자식은 심각한 유전적 장애를 지니기 쉬우므로 근친상간을 회피하는 심리가 응당 진화했을 것이다. … 유전학, 진화생물학, 행동생태학에서 받아들여지지 않는 오이디푸스 콤플렉스가 문학비평, 문화이론, 정신분석학 등에서는 핵심적인 이론으로 대접받고 있는 상황은 어딘가 이상하다."[30] 역시 오이디푸스 콤플렉스는 사실이 아니며 부모-자식 관계에 대해 프로이트가 혼동한 결과라고 보고 있다. 진화심리학의 '혼동'이라는 판정을 옹프레의 시각에서 보면, 그것은 혼동이 아니라 데이터 조작까지 감행케 한 프로이트의 오이디푸스에 대한 '유아적인 편집증'인 셈이고, 들뢰즈·과타리의 시각에서 보면 '오이디푸스주의의 덫'[31]을 만들고 스스로 빠져든 결과인 셈이다.

따라서 프로이트의 후예들에게는 이런 일련의 비판들이 고통스럽겠지만 프로이트 스스로의 '유언'처럼 "이 하나의 사례가 모든 것을 다 설명하게 될 것이라고 기대해서는 안 되겠"[32]다는 것이다. 오이디푸스를 오이디푸스 콤플렉스라는 만능열쇠로부터 구출해야 한다. 이때 구출 가능성이 높은 하나의 방도는, 오이디푸스 신화를 꿈이나 무의식과 같은 정신분석의 도구로 환원하지 말고, 신화의 맥락에서 다시 읽는 방법이다.

오이디푸스 부자의 진짜 콤플렉스

델포이Delphi는 아테네에서 서북쪽으로 120km 떨어진 도시로 아폴론의 신전이 있는 곳이다. 제우스가 세상의 중심이 어딘지 알아보기 위해 독수리 두 마리를 날려보냈는데, 둘이 만난 곳이 델포이의 파르나소스산 정상이어서 그곳을 세상의 중심으로 선포하고 아들 아폴론을 머물게 했다는 신화적 장소이다. 신전은 기원전 650년 무렵 처음 세워진 이래 고대 그리스인의 제사의 중심이었다. 이 신전 안에 무녀 피티아Pythia가 신탁을 내리는 공간이 있다. 피티아의 신탁은 고대 그리스인에게 가장 권위 있는 신탁으로 여겨졌다. 테바이의 왕 라이오스, 아들 오이디푸스가 자신들의 문제를 해결하기 위해 델포이의 신탁을 찾았던 이유가 여기에 있다. 모든 사건은 신탁에서 시작되었다.

"일반적으로 신탁 청원자는 신탁을 구하기 전에 다양한 정화 의식과 희생 제물을 바쳐야 한다. 청원자들은 신전 근처 카스탈리아Castalia 샘에서 가져온 물로 몸을 깨끗이 씻고 나서 아폴로신이 신탁을 내릴 준비가 되었는지를 알아보기 위해 염소 한 마리를 제단으로 가져갔다. 월계수 화관을 쓰기도 하고 기도를 한

그리스 델포이 신전 유적

뒤 차가운 물을 염소에게 뿌리는데 물세례를 받은 염소가 몸을 떨면서 전율하면 아폴로가 신탁을 내릴 신호라고 간주하여 청원자는 신전으로 들어갔다. 그들은 신전 안에 움푹 꺼진 방인 애디톤adytum 입구에 놓인 봉헌 탁자 위에 두 번째 희생물을 바치고 사제들propretai과 함께 메가론으로 갔다. 그러고 나서 청원자들은 애디톤 청동 삼발의자tripod 위에 앉아 있는 피티아에게 질문을 하였다."33 오이디푸스 신화에는 나타나 있지 않지만 라이오스도 오이디푸스도 이런 엄정한 절차를 거쳐 신탁을 받았을 것이다. 정결 예식을 거치고 제물을 바친 뒤 사제의 신탁을 받는 형식은 의례의 보편적 형식이다. 절차의 엄정성이 결과의 확실성을 보장하기 때문이다.

그런데 델포이 신전의 신탁에는 잘 알려진 비밀이 있다. 그 것은 무녀 피티아의 신탁을 촉발하는 화학적 요인에 관한 것이다. 일찍이 델포이의 대사제로 의식을 주재한 바 있는 플루타르

델포이 신전의 무녀　　　　신탁을 고지하는 구파발 금성당제의 공수 장면

코스Plutarch는 피티아의 신탁 능력이 신전 아래 흐르는 케르나 샘물Kerna Spring에서 올라오는 증기와 관련이 있는 것으로 보인다는 추론을 내놓았다. 19세기 이래 다양한 연구자가 이 신탁의 비밀을 과학적으로 해명하기 위해 도전했는데, 최근에 이른 결론 가운데 하나는 신전의 지질학적 균열로 인해 발생한 에틸렌 가스가 무녀를 환각 상태로 이끌었다는 것이다.[34] 환각을 불러일으키는 요인에 대해서는 논란이 있지만 신탁을 발설하게 하는 환각이 외부의 화학적 힘에 의해 발동하는 것은 분명한 것 같다. 말하자면 신탁이 '신의 말씀'인지는 확인할 방법이 없지만 신탁을 얻는 무녀의 신체적 상태가 '신적(환각적)'인 것은 분명하다. 우리의 무당 역시 공수를 받기 위해서는 자신의 신체적 상태를 비정상적인 몰입의 상태로 몰아붙인다. 격렬한 음악과 춤 동작으로 뇌를 환각과 유사한 상태로 만드는 것이다. 따라서 신탁에서 중요한 것은 신탁의

사실성 여부가 아니다. 그리스 고전학자 길버트 머레이가 지적했듯이 "내가 아는 바에 의하면, 일반적으로 사실에 대해 신탁을 묻는 것이 아니라는 점은 중요하게 인식될 수 있다. 오히려 인간들은 어려움이 생길 경우에 단순히 그들이 어떻게 행동해야 하는지를 알고 싶어"[35] 한다는 것이다. '신탁 묻기'란 사실을 알기 위한 것이 아니라 행동을 결정하기 위한 일종의 지침을 얻는 행위라는 것이고, 이 경우 중요한 것은 신탁 자체가 아니라 신탁 의뢰자가 신탁을 자신의 행동 지침으로 인정할 것인가의 여부이다. 신탁은 신의 문제가 아니라 인간의 문제이다. 구조적으로 보면 신탁은 발신자의 문제가 아니라 수신자의 문제이다. 나아가 수신자가 발신자 또는 중개자와 어떤 관계를 형성하는가 하는 '주체화'의 문제이다.

라이오스는 아들의 유무에 대한 예언을 간구했지만 환각에 빠진 피티아는 "아들을 낳으면 아들이 아버지를 죽이고 어머니와 동침하리라"라는 신탁을 중얼거린다. 라이오스는 이 신탁을 행동 지침으로 여긴다. "아들을 낳지 않으리라." 첫째 지침이 어긋나자 둘째 지침을 스스로 마련한다. "아들을 죽이리라." 신탁을 행동 지침으로 여겼다는 것은 대타자Other[36] 아폴론의 호명에 고개를 돌렸다는 뜻이다. 대타자의 호명에 응답하는 순간 신탁 콤플렉스, 영어로 번역하면 오라클 콤플렉스가 작동한다. 원래 오라클oracle은 '애매모호하다'는 뜻을 지닌 오라큘라oracular에서 비롯된 말이다. 신탁이란 본래 모호한 형태로 발행된다. 들뢰즈·과타리의 언어를 빌리자면 신탁은 리좀[37]적 성격을 지닌 언어다. 이를 '오이디푸스화'하는 것, 다시 말하면 신탁을 행동의 지침으로 내면화·

절대화하는 것이 신탁(오라클) 콤플렉스라고 할 수 있다.

라이오스가 신탁을 구하러 델포이로 올라가는 길은 신탁 콤플렉스라는 그물로 들어가는 길이었다. 라이오스는 오이디푸스화되었기 때문에 신탁의 실현을 기다리지 않고 신탁으로부터 도피한다. 라이오스가 델포이로 가지 않았다면, 아들을 버리지 않았다면 신탁은 실현되지 않았을 것이다. 달리 말하면 신탁은, 특히 부정적 신탁은 신탁 수신자를 신탁으로부터 도망치게 만듦으로써 스스로를 실현한다고 할 수도 있을 것이다. 아들 오이디푸스 역시 아버지의 전철을 밟는다. 부친의 정체에 대한 불안은 그를 델포이로 떠밀었고 피티아의 반복된 신탁은 그의 행동 지침이 된다. 일찍이 베르낭도 지적했듯이 오이디푸스는 아버지를 죽이지 않으려고 아버지를 떠나 유랑자가 되었고, 그에게는 오이디푸스 콤플렉스가 없었지만[38] 아버지를 피했기 때문에 신탁은 실현된다. "라이오스를 죽인 자를 찾아야 전염병이 사라지리라"라는 신탁의 결과도 다르지 않았다. 신탁은 행동 지침이 되어 오이디푸스로 하여금 범인 조사에 집착하게 만든다. 오이디푸스 신화의 비극은 오이디푸스 부자의 신탁 콤플렉스에서 비롯된 것이다.

이제 오이디푸스 콤플렉스라는 개념은 폐기되어야 한다. 미셸 옹프레의 평가대로라면 프로이트는 스스로를 오이디푸스와 동일시했고, 오이디푸스적 삶을 살고 그것을 이론화했다. 말하자면 프로이트는 오이디푸스 신화를 오이디푸스화함으로써 자신의 생애를 오이디푸스 콤플렉스의 상태로 몰아간 것이다. "아버지인 야콥(테바이의 왕 라이오스)을 죽이고 싶어하는 욕망이 가득한 아들 프로이트(오이디푸스), 그리고 아들이 잠자리를 하고 싶어하는 어머니 아말리아(이오카스테), 프로이트(오이디푸스)의 딸인 안나(안티고네)의 관계, 신경증을 호소하는 두 사람의 근친상간적 관계를 볼 때, 누가 봐도 프로이트는 오이디푸스와 같은 운명이었다."39 프로이트의 비극, 정신분석학의 비극이 여기에 있다면 과장일까?

　　오이디푸스와 아버지 라이오스는 성욕이 아니라 델포이의 신탁이 초래한 끔찍한 불안 때문에 비극의 주인공이 되었다. 오이디푸스에게는 오이디푸스 콤플렉스가 없었다. 오이디푸스 부자를 비극으로 몰아간 것은 신탁 콤플렉스였다.

4장 신탁놀이와 반신탁 콤플렉스

청정각시의 지독한 콤플렉스

우리 무속신화에는 수난당하는 여성이 유난히 많다. 부모를 위해 저승 구약 여행에 자원한 바리데기, 결혼하기도 전에 중의 애를 뱄다가 아버지에게 쫓겨나 유폐되었던 당금애기, 임신한 몸으로 자현장자에게 종으로 팔린 원강암이, 실종된 남편을 찾으러 갔다가 살해된 여산부인의 수난 등 열 손가락으로도 다 꼽기 어렵다. 하지만 그 가운데 으뜸은 청정각시의 수난이 아닐까?

함경도 홍원의 호세비 김근성이 1926년에 구연한 〈도랑선배·청정각시노래〉는 이렇게 시작한다.

청정각시의 아버지는 화덕중군中軍 황黃철사요, 어머니는 구토부인이었다.

각시는 어떤 양반의 집으로 시집을 가게 되었다.

그 신랑은 도랑선비라는 이였다.[1]

화덕중군은 화덕장군火德將軍, 구토부인은 후토부인后土夫人이다. 화덕장군은 불의 신을 인격화한 존재로 건강과 장수를 기원하는 그림이나 부적에 자주 등장한다. 후토부인은 땅의 신을 인격화한 존재로 도교의 여신이었는데 무교巫敎◆에서도 수용한 여신이다. 그렇다면 청정각시는 혈통상 고귀한 신성 가족이다. 그러나 도랑선비의 가문에 대한 언급은 보이지 않는다. 〈도랑선배·청정각시노래〉가 청정각시에 초점을 맞추고 있다는 뜻이다.

그런데 월남한 함흥 출신 무녀 이고분이 1966년에 구연한 〈도랑선비〉◆◆는 도랑선비의 사연으로부터 시작한다. 도랑선비는 양부모 슬하에서 살았는데 어려서 양부가 죽자 외삼촌이 데려가서 10살까지 기른다. 그리고 열 살에 혼사를 치른다. 조혼 풍습의 반영인 것으로 보인다. 그러니까 도랑선비는 과거시험 근처에도 못 가본 인물이다. 도랑선비는 '선비'라는 호칭이 전혀 어울리지 않는 미천한 신분으로 설정되어 있다. 김성근이 구연한 〈도랑선배·청정각시노래〉2의 경우, 도랑선비를 앞세우기는 했으나, 나아가 청정각시의 출신에 대해서 별 언급을 하지는 않지만 역시 초점은 고귀한 청정각시에 있다. 왜 그런 것인가?

'혼담이 나서' 예단을 보낸 뒤 두 사람은 혼인을 한다. 하지만 결혼 당일 겨우 예식만 끝낸 신랑이 몸져누워버린다. 초야도 치르지 못한 신랑은 집으로 되돌아갔고, 돌아온 것은 신랑의 부고였다. 이런 처지를 당한 신

◆ 무당과 관련된 제반 민속에 대해 무속巫俗이라는 용어를 쓰는 것이 일반적이나, 무당이 중심이 되어 행해지는 굿 의례는 힌두교·불교·기독교 등과 다르지 않다고 보기에 무교라는 용어를 사용한다.

◆◆ 조사자에 따라 제목을 〈도랑선비〉나 〈도랑선배 청정각시노래〉로 붙여놓았는데, 그 외의 경우 이 책에서는 〈도랑선비 청정각시〉로 통칭하고 있다.

부를 조선시대에는 '마당과부'라고 불렀다. 마당에서 혼인만 했을 뿐 첫날밤도 치르지 못한 채 과부가 되었다는 뜻이다. 청정각시는 여성 수난을 상징하는 마당과부가 된다. 이후 뒤따르는 이야기는 마당과부 청정각시의 고군분투로 점철되어 있다. 도랑선비는 남처럼 비켜나 있을 뿐이다. 죽었으니 끼어들 여지도 없다. 함경도 망묵굿♦에서 재현되는 이 신화는 제목과 달리 '청정각시만의 슬픈 노래'이다.

그렇다면 대체 신랑은 왜 몸져누웠는가? 〈도랑선배·청정각시노래〉에 따르면 신부집 대문을 들어서는 순간 정신이 혼미해졌다는 신랑의 말을 듣고는 점을 친다. 큰 무당의 점괘에 따르면 "혼수 가운데 부정한 삼색채단이 있었기 때문"이라는 것이다! 채단采緞은 신랑댁에서 신부댁으로 미리 보내는 푸른색과 붉은색의 비단이다. 이 혼수에 부정이 끼었다는 뜻인데 그 이유에 대해서는 별 설명이 없다.

이고분의 〈도랑선비〉는 좀 더 구체적이다. 함진아비가 지고 오던 함이 불에 타서 텅 비어버렸던 것이다. 도랑선비가 초행醮行 길에 대신님·용·까막까치가 차례로 나와 "오늘밤에 날이 없나?"라고 힐문한다. 초행 날짜를 잘못 잡았다는 뜻인데 사실 함이 불에 탄 이유도 택일擇日에 실패한 탓이다. "제일 좋은 날 물려놓고 나쁜 날을 받았소."[3] 말하자면 납채納采든 초행이든 길일을 잡아야 하는데 그러지 못해 절차에 문제가 생겼다는 것이다. 〈바리데기〉에서는 애써 택한 길년吉年이 대왕의 조바심 때문에 폐기되었지만 〈도랑선비〉는 처음부터 길일을 잘못 잡았다

♦ 죽은 이의 넋이 저승에 잘 갈 수 있도록 기원하는 굿으로, 함경도에서는 망묵굿·망묵이굿·망령굿으로 부른다.

〈도랑선비 청정각시〉가 구연되는 망묵굿의 한 장면

고 말하고 있다. 심층적인 이유는 마지막에 밝혀지지만 말이다.

〈도랑선배·청정각시노래〉의 도랑선비✦는 무당의 말대로 혼수를 태워버리자 병이 조금 낫는다. 그러나 여전히 혼미한 가운데 본가로 돌아가면서 신랑은 "내일來日 오시午時에 저 너머 불칠고개로 단발斷髮한 놈이 넘어오거든, 내가 죽은 줄 아시오"[4]라는 말을 남긴다. 〈도랑선비〉의 신랑은 "내가 몸이 아파서 가니까, 그러면 언제 올 것 같으냐니까, 오동나무에 흰까마귀 흰비둘기 앉아서 울 때 나가보면 편지 한 장 물고 들어오면 치마 벌려 받아보면 알게 될 테니 그리 알라고"[5] 말하고는 떠난다. 그러나 신랑은 돌아오지 않고 부고만 온다. 청정각시✦✦는 '소박맞은 신부' 유형의 설화가 그리고 있는 첫날밤 신부처럼 청상과부가 된다. 청정각시의 불안은 여기서 시작된다. 수절이냐 자살

✦ 도랑에 떨어져 죽어 얻은 이름. '선배'는 선비의 방언이므로 원문을 밝혀 적을 필요가 있을 때만 '도랑선배'로 표기한다.

✦✦ 첫날밤도 치르지 못하고 과부가 된 각시 또는 신랑을 살려내기 위해 온갖 정성을 다하는 마음이 청정한 각시라는 뜻을 담은 이름이다.

이냐? 청정각시의 불안은 낭떠러지로 내몰린다.

그런데 문제는 청정각시가 불안과 원망을 안은 채 원귀寃鬼가 되어 원한을 해소하려 하지 않았다는 데 있다. 망묵굿의 무속 신화는 다른 경로를 선택한다. 청정각시는 한없이 슬피 운다. 호세미✦ 이고분은 "도랑선비를 보게만 해주시오. 남편을 보게만 해주시오"하고 빌었다고 했고, 호세비✦✦김근성은 그 울음소리가 옥황상제가 처음 들어보았을 정도로 처량하여 사연을 알아보라고 사자를 보냈을 정도였다고 했다. 청정각시의 비창悲愴✦✦이 신탁을 부른다. 옥황상제는 '황금산성인', 곧 신승神僧✦✦을 통해 신탁을 발행한다. 이 대목은 술에 취해 구연했다는 김근성의 〈도랑선배·청정각시노래〉에 자세하다.

① 정화수를 길어 묘 앞에 이부자리를 펴고 첫날밤 입던 옷을 입고 홀로 사흘간 기도하면 남편을 만나리라.

② 머리카락을 한 올씩 뽑아, 삼천 발 삼천 마디가 되게 꼬아 금상절에 가서 한끝은 법당에 걸고 다른 한끝은 공중에 걸고 두 손바닥에 구멍을 뚫고 줄을 끼워 삼천 동녀童女가 힘을 다해 내리훑고 올려훑어도 아프다는 소리를 하지 않으면 남편을 만나리라.

③ 참깨 닷 말, 아주까리 닷 말로 기름을 짜 그 기름에 손을 찍어 말리고 찍어 말리고 하여 기름이 없어지거든 열 손가락에 불을 붙여 그 불로 부처님 앞에 발원하면 남편을 만나게 되리라.

✦ 함경도 지역에서 여자 무당을 부르는 말.
✦✦ 함경도 지역에서 남자 무당을 부르는 말.
✦✦ 마음이 몹시 상하고 슬픈 것.
✦✦ 승려 가운데 신령과 잘 통하는 승려.

④ 안내산 금상절로 가는 고갯길을 기물器物✦ 없이 이쪽에서 저쪽까지 닦으면 남편을 만날 수 있으리라.

옥황상제가 메신저인 황금산성인을 통해 청정각시에게 고지한 조건형 신탁이다. 하나도 아니고 넷이나 된다. 극심한 신체적 고통을 감내하라는 피투성이 신탁이다. 불교의 소신공양燒身供養✦✦에 가까운 극도의 공양이다. 『삼국유사』의 「욱면비염불서승郁面婢念佛西昇」 기사를 보면 귀진의 여종 욱면이 뜰 좌우의 말뚝에 노끈을 묶어 두 손바닥을 꿰고 좌우로 흔들면서 간절히 발원하는 장면이 나온다. 욱면을 극락으로 인도한 염불이 두 번째 신탁과 유사한 것을 보면 불교적 공덕 쌓기를 수용한 신탁이다. 『잡아함경雜阿含經』이나 서산대사의 〈회심곡回心曲〉에도 언급되고 있는 월천越川공덕·급수汲水공덕·활인活人공덕 등을 염두에 둔다면 절로 가는 길을 맨손으로 닦는 공덕도 불교적인 것이다.

그러나 중을 통해 청정각시에게 고지된 신탁은 불교의 외피를 쓰고는 있지만 붓다의 신탁은 아니다. 불교의 공덕은 극락왕생을 목표로 삼고 있지만 청정각시의 공덕, 곧 신탁의 수행은 도랑선비를 만나는 데 목표가 있다. 왜 만나야 하는가? 사랑 때문에? 아니다. 결혼 당일에 처음 만난 신랑 신부 사이에 무슨 사랑이 있었겠는가. 신부에게는 청상과부로 살아가야 할 불안한 미래에 대한 보험 같은 것이 필요했다. 동시에 조선시대의 열녀들이 보여주었던 '인정투쟁recognition struggle'이 필요했다. 조선의 열부들에게 병든 남편을

✦ 기물은 본래 그릇을 뜻하지만 여기서는 길을 닦는 데 필요한 삽이나 곡괭이 등의 연장을 말한다.
✦✦ 불교 공양의 하나로, 자기 몸을 불태워 붓다 앞에 바치는 것.

살리기 위해 갖은 정성을 다했다는 자기 증명이 필요했듯이 청정 각시에게도 죽은 남편을 다시 만나기 위해 혹은 이승으로 데려오 기 위해 목숨을 걸었다는 증명서가 긴요했다.

첫 번째 조건을 이행하자 신탁이 이뤄진다. 그러나 남편을 만나기는 했지만 남편의 손을 잡으려 하자 "나는 인간과 다르니 어찌하리오"라는 말만 남긴 채 사라진다. 감질나는 조건부 신탁이 다. 마치 청정각시를 시험하는 것 같다. 같은 일이 네 번이나 반복 되자 네 번째는 단단히 다짐한다. '이번에는 모르는 척 있다가 꽉 안고 놓지 않으리라!' 네 번째 신탁이 성취되어 마침내 재회한 부 부는 집으로 돌아가려고 다리를 건넌다. 신화 속에 적시되어 있지 는 않으나 이 다리는 저승과 이승을 잇는 다리일 것이다. 그래서 도랑선비가 건너지 못하는 것이리라. 그는 이미 저승에 속해 있는 존재였기 때문이다. 청정각시의 뒤를 따라 다리를 건너던 도랑선 비는 그만 떨어져 물에 빠진다. 물에 빠져 허우적대는 도랑선비의 입에서 마지막 신탁이 비명처럼 흘러나온다.

⑤ 나와 같이 살려거든 집에 돌아가 석 자 세 치 명주 한끝 을 오대조가 심은 노가지향나무에 걸고 한끝은 목에 걸고 죽어라. 죽어 저승에 가야 우리 둘이 잘 살리라.

최종 신탁이 가장 지독하다. "목을 매 죽어라!" 조선 후기의 열녀 만들기를 방불케 한다. 오대조가 심은 나무에 목을 매라니, 목표가 분명하다. 조상을 위해, 도랑선비의 집안을 위해 목숨을 내놓으라는 신탁이다. 신탁 뒤에 덧붙인 도랑선비의 마지막 말은 청정각시 목숨값의 정체를 정확히 해명해준다. "나는 우리 할아버지 탐재살민貪財殺民한 죄罪로 이렇게 되었소."6 조상의 죄를 갚기 위해 도랑선비의 목숨을 회수해 갔다는 뜻이다. 그러니까 마당과 부 처지라도 며느리가 된 이상 같은 책임을 져야 한다는 말이다. 라이오스의 죗값이, 본인만이 아니라 아들 오이디푸스에까지 유전되는 그리스 신화와 유사하다. 그러나 그리스 신화는 며느리에게까지 죗값을 묻거나 자진自盡을 요구하지는 않는다.

여기서 우리가 주목해야 할 대목은 신탁 발행의 주체들이 하나같이 남성신이라는 사실이다. 신탁은 옥황상제로부터 온 것이다. 옥황상제가 황금산성인을 중의 모습으로 파견했기 때문이다. 신탁은 도랑선비가 전달하기도 한다. 황금산성인이나 도랑선비는 신탁의 배달자지만 옥황상제와 같은 남성이다. 게다가 도랑선비는 청정각시의 수난에 대해 무기력하거나 무관심하다. 심지어는, 마침내 청정각시가 목을 매자 황금산성인의 다른 이름일 것으로 추정되는 금상절 부처님이 염라대왕에게 편지를 쓴다. "각시는 아무 일도 시키지 말고 좋은 곳에 있게 하라. 각시는 천하에서 제일 지성한 사람이다."7 청정각시의 가혹한 희생을 요구해놓고는 '지성한 사람'으로 평가해준다. 병 주고 약 주는 꼴이다. 이 이야기는 부부가 되려면 목숨을 내놓으라고 신랑이 신부에게 강요하는 신화처럼 보인다.

그런데 더 문제는 청정각시의 태도이다. 청정각시는 신랑을 다시 보고 싶다는 소망 때문에 신탁에 사로잡힌다. 신탁을 수행하지 않으면 남편을 영영 만날 수 없을지 모른다는 불안감이 그를 더 신탁에 매달리게 만든다. 신탁을 성실히 수행해야 불안을 벗을 수 있다고 믿었기 때문에 신탁 바깥의 길은 보지 못한다. 신탁이 왜, 누구로부터 발부되었는지, 왜 자신이 이토록 지독한 신체적 가혹 행위를 감내해야 하는지를 묻지 않는다. 마치 당연히 수행해야 할 소명이라도 되는 것처럼 행동한다. 그녀의 소명은 "낭자는 비로소 죽는 법을 깨달아, 크게 기뻐하며 집에 돌아가서 가르친 대로 목을 잘라 자결하였다"[8]라는 진술에서 극점에 이른다. 청정각시는 지독한 신탁 콤플렉스에 씌어 있었다.

청정각시는 남성 지배의 영토 안에서 철저히 오이디푸스화된 여성의 표상이다. 따라서 '청정'이라는 관형어는 남성들이 씌어준 족두리[✦]일 따름이다. 각시는 이 '족두리'를 쓰고 도랑선비와 더불어 망묵굿의 제상祭床을 받고, 절에서 재齋를 할 때는 부처님 다음으로 상床을 받지만 족두리를 벗으면 드러나는 것은 피투성이 얼굴일 뿐이다.

신탁놀이와 의사疑似신탁 콤플렉스

청정각시에게는 남성신들에 의해 고지된 신탁이 거의 절대적이었다. 청정각시는 번제燔祭^{✦✦}의 제단 위에 올라간 착한 희생양과 같다. 청정각시는 도랑선비와의 재회에 고착되어 있었기 때문에 다른 길이 없는 것처럼 행동한다. 한데 정말 다른 길은 없는 것일까? 다른 상상력은, 신화 안에 없는 것일까?

✦ 조선시대 혼례에서 신부가 머리에 쓰는 관冠의 하나로, 여성주의의 관점에서 보면 비녀와 더불어 여성을 속박하는 상징적 기물.

✦✦ 짐승이나 다른 제물을 통째로 태워 바치는 고대 제사의 한 형식.

그렇지 않다. 여기에 다른 도道를 상징적으로 보여주는 '좌표적' 신화가 있다. 남매혼 유형의 홍수신화가 그것이다. 「여는 말」에서 잠시 언급했듯이, 대홍수 후의 오누이는 '생존 불가능성'이라는 불안을 넘어서기 위해 신탁에 매달린다.

하루는 홍수가 일어나 스빠꽁뿌, 스빠지무 두 오누이만 살아남아 뭐뭐 신산神山에 올라가 죽음을 피했다. 그들은 산의 동굴 속에서 살았는데 오빠가 누이에게 결혼을 요구했으나 누이는 받아들이지 않았다. 오빠가 끊임없이 요구하자 누이는 맷돌을 굴리는 신점神占으로 결정하자고 한다. 둘은 산에 올라가 각자 돌을 굴렸는데 신산 아래서 맷돌이 하나로 합쳐지자 부부가 되었다. 결혼 후 이들은 기이한 살덩어리를 하나 낳았다. 스빠꽁뿌는 그것을 아흔아홉 조각으로 잘라 신산의 사방에 뿌렸다. 바람에 하늘로 날려간 세 덩이를 빼고 나머지는 각종 동물로 변했다. 하늘로 날아간 세 덩어리는 바람에 날려 다니다가 오랜 후 대지에 떨어져 하나는 돼지, 하나는 양, 또 하나는 사람으로 변했다. … 그런데 이 인간의 후손들(리언 5형제와 상밍 6자매)은 그들의 부모인 오누이를 본받아 계속 오누이끼리 결혼을 했다. 이로 인해 더러운 기운이 하늘을 찔러 천신의 화를 불러일으켰다. 천신은 인간들을 홍수로 징계하기로 한다.9

중국 윈난 지역에 거주하는 나시족의 홍수신화이다. 이 신화에서 신탁은 메신저를 통해 명시적으로 전달되지 않는다. 신탁

홍수신화를 전승하고 있는 나시족의 전통의상

은 절대적 입법으로 전제되어 있다. 문화적 무의식으로 내면화되어 있다고 해도 좋겠다. 그것은 '오누이가 결혼하면 안 된다'는, 근친혼 금지라는 보편적 입법이다. 오이디푸스는 근친혼을 예고하는 델포이의 신탁이 두려워 코린토스로 돌아가지 못한다. 나시족 홍수신화의 누이도 결혼을 거부한다. 오빠가 결혼을 요구했다고 했으나 남매혼 홍수신화는 일반적으로 양쪽 모두 혼인을 꺼렸다고 이야기한다. 근친혼은 어느 사회에서나 터부의 영역이기 때문이다. 이들은 결국 근친혼에 이르렀으나 그 결과는 기이한 살덩어리였다. 이런 비정상적 사태는 이들의 혼인이 신탁 위반이었다는 좌증이다. 이들이 낳은 후손들이 같은 위반을 반복하다가 다시 홍수라는 신의 징벌을 받았다는 후일담은 신탁의 엄중함을 다시 강조하는 것이다.

그런데 남매혼 홍수신화에서 더 주목해야 할 지점은 이들이 신탁을 위반하는 방법이다. 오누이는 신탁을 구하는 신점神占

오누이 맷돌 굴리기

을 친다. 맷돌 한 짝씩을 지고 신성한 산에 올라가 굴려 하나로
합쳐지면 부부가 되자! 말 없는 신의 말을 듣기 위해 이들은 맷돌
점을 통해 신의 뜻을 판정하려고 한다. 한데 이 신점의 특이성은
결과가 정해져 있다는 데 있다. 어쨌든 맷돌은 합쳐지게 되어 있
다. 왜냐고? 합쳐질 때까지 굴리니까! 이는 마치 굿의 현장에서
신칼을 반복적으로 던져 굿이 잘 되었는지를 점치는 기술과 흡사
하다. 무당은 한 쌍의 신칼이 자신이 기대하는 형태로 나올 때까
지 던진다. 신은 반드시 굿에 만족해야 하고, 오누이는 결혼하라
는 신의 명령을 받아내야 한다.

    나는 홍수에 살아남은 오누이의 신점을 '신탁놀이oracle game'
라 부르고 싶다. 창세신들은 태초에 세상을 놓고 내기를 한다. 〈창
세가〉의 미륵님과 석가님은 인간 세상을 누가 차지할 것인가를 두
고 내기를 하고, 다수의 일월日月을 활로 쏘아 정리한 〈천지왕본풀

96

이〉의 대별왕·소별왕 형제는 인간 세상을 서로 차지하려고 수수께끼 내기를 한다. 『에다』속 〈바프트루드니르의 노래〉의 최고신 오딘은 거인 바프트루드니르와 수수께끼 형식의 문답으로 지혜를 겨룬다.[10] 「포폴 부Popol Vuh」로 전승되는[11] 마야인들의 신화에서 쌍둥이 형제로 상징되는 마야의 왕은 지하 세계의 신들과 공놀이로 싸우는데, 이때 공은 옥수수 신이고 마야 왕의 머리를 뜻한다. 이 놀이에서 공이 떨어지는 것은 옥수수 신의 머리가 잘리는 것이고, 공이 다시 튀어오르는 것은 재생을 상징한다. 이들에게 공놀이는 죽음과 부활의 놀이였다.[12] 이런 내기를 요한 하위징아는 '성스러운 게임a sacred game'[13]이라고 불렀다. '호모 루덴스Homo Ludens'라는 시각에서 신화나 시 자체를 놀이의 한 형식으로 보았던 문화사학자다운 발언이다.

신들의 놀이는 신이 주체인 놀이이다. 하지만 대홍수 이후의 오누이는 맷돌 굴리기 놀이를 통해 신을 심문한다. 우리가 원하는, 달리 말하면 인간이 바라는 신탁을 요구하며 묻고 또 묻는다. 따라서 이 신점의 주체는 인간이다. 이들은 신탁을 겸손하게 기다리는, 신탁의 절대성에 순응하는 주체가 아니라 신탁을 심문하는 주체이다. 오누이는 근친혼 금지에 도전하여 비정상적인 결과를 얻었지만 그 비정상성을 가지고 인간을 포함한 동물들을 창조하는 변용의 능력을 보여준다. 신탁놀이는 인간이 주체가 되어 신의 명령을, 신의 이름으로 강제되는 사회적 입법을 위반하는 놀이의 형식이다.

이 경우 놀이의 주체인 오누이는 신탁 콤플렉스에 사로잡혀 있는 것 같지만, 사실은 신탁 콤플렉스로부터 자유롭기 위해 신탁에 전적으로 기대는 것처럼 가장假裝하고 있는 것으로 보인다. 이것은 신을 속이는 행동이다. 신의 뜻을 묻는 것이 아니라 오히려 인간의 뜻을 신의 이름으로 실현하고 있는 것이다. 이런 일련의 과정을 의사疑似(가짜)신탁 콤플렉스 놀이로 부르면 어떨까 싶다. 신탁 콤플렉스와 달리 신탁놀이는, 사실은 신을 속이는 가짜신탁 콤플렉스pseudo-oracle complex 게임이다.

꼬댁각시들의 신탁놀이

오누이의 가짜신탁 콤플렉스를 다른 형식으로 보여주는 아주 흥미로운 텍스트가 있다. 〈도랑선비 청정각시〉가 무당의 노래로 굿판에서 전승된다면 이 노래는 민간의 여성들 사이에서 전승된다. 새해 초에 부르는 서사민요 〈꼬댁각시노래〉가 그것이다. 주로 충청도 지역의 여성들 사이에서 구전되던 민요인데 시집살이 노래와 유사한 정서를 드러낸다.

꼬댁각시 놀아보세
한 살 먹어 어멈 죽구 두 살 먹어 아범 죽구
세 살 먹어 걸음 배워 네 살 먹어 삼촌 집에 가니
삼촌댁이 부엌 쓸다 내어치고 삼촌은 마당 쓸다 들여치고
아이고 답답 설운지고
밥이라고 주는 것은 찬밥덩이 보리 찬밥
퉁숟가락으로 먹으라고 주네

<꼬댁각시놀이>를 연출한 장면

...

그럭저럭 십여 살이 되었던가 중신애비 들락날락

시집이라고 간 것이 고자 낭군 얻어 가서

시집간 지 삼 일 만에 시아버지 쓰러지네

아이고 답답 설운지고

시집간 지 삼 일 만에 시어머니 쓰러지네

아이고 답답 설운지고

시집가서 출상出喪✦ 치른 삼 일 만에 시동생이 쓰러지네

아이고 답답 설운지고

출상 치른 삼 일 만에 시숙 어른 쓰러

지네.

아이고 답답 설운지고

✦ 전통적인 장례에서
  장지로 가려고 상여
  가 집을 나가는 일.

...

그럭저럭 살다가 고자 낭군 그나마 마저 쓰러지고

그럭저럭 살다가 뒷동산에 올라가서 꽃바구니 옆에 끼고

은고사리 꺾어다가 열두 솥에 불을 놓고 열두 기름 둘러내어

시어머니 한 술이나 잡숴보시오

에라 이년 너나 먹고 나가거라

시아버지 한 술이나 잡숴보시오

에라 이년 너나 먹고 나가거라

아이고 답답 설운지고

뒷동산에 올라가서 은고사리 꺾어다가

시어머니 대접해도 마다하고

머리 싸고 드러누워 너 죽고 나 살면 무엇하나

아이고 답답 설운지고[14]

〈꼬댁각시노래〉의 주인공은 어려서 부모를 잃고 삼촌댁에서 기식寄食하면서 갖은 구박 속에서 성장한다. 일찍 시집을 갔으나 시댁에 줄초상이 나는 등 온갖 시집살이를 하던 중에 신랑마저 죽어 과부가 된다. 창자唱者에 따라 다소간 이야기의 차이는 있지만 결국은 자살로 치닫는다. 〈진주낭군〉 등 시집살이 유형의 서사민요와 같은 계열에 속하는 민요다.

그런데 왜 이름이 '꼬댁각시'였는가? 삼촌 슬하에서 갖은 고생을 하다가 열 살 넘어 결혼이라고 했는데 남편이 고자鼓子였다. 아니 정확하게는 고자인 것을 알고도 어쩔 수 없이 결혼했던 것이다. 그래서 고자댁으로 불리다가 고자댁이 '꼬댁'으로 줄어든

것이다. 여성 주인공, 또는 서정적 자아의 고단한 삶을 압축하고 있는 이름이다.

　신탁 콤플렉스의 시각에서 〈꼬댁각시노래〉를 주목하는 이유는 이 민요가 정초의 세시의식요歲時儀式謠✦의 하나로 불리기 때문이다. 새해 초에는 집안이나 마을 단위로 제액초복除厄招福을 비는 의례가 널리 행해진다. 집집마다 불리는 〈안택노래〉·〈성주풀이노래〉·〈풍신제노래〉·〈농신제노래〉·〈달맞이노래〉, 마을마다 불리는 〈지신밟기노래〉·〈고사반노래〉·〈걸궁노래〉·〈서낭굿노래〉·〈기우제노래〉·〈뱃고사노래〉·〈용왕제노래〉 등이 그런 민요들이다. 그 가운데 충청도 지역에서는 주로 부녀자들이 모여 새해 운수점을 치는 과정에서 이 민요를 부른다.

　정초에 부녀자들이 어느 집 안방에 모인다. 부녀자들 중에 특히 신이 잘 내리는 사람을 꼬댁각시로 골라 방 가운데에 앉히고 다른 여자들이 빙 둘러앉는다. 가운데 여자는 신장대✦✦를 들고 앉는다. 다른 여자들이 꼬댁각시노래를 부르며 꼬댁각시 혼이 내리기를 기원한다. 꼬댁각시 혼이 내리면 가운데 여자가 들고 있는 신장대가 흔들린다. 그러면 꼬댁각시 혼이 들린 여자가 일어나 한바탕 춤을 추고 노래를 한다. 이때 주위 여자들이 이것저것 물어보면 거기에 꼬댁각시 혼이 답을 해준다. 대개 언제 시집을 갈지, 언제 아이를 낳을지, 잃어버린 물건이 어디에 있는지 등을 묻는데 신통

✦ 의식요는 민요 가운데 의례에서 불리는 민요인데 지신밟기와 같이 절기에 맞춰 부르는 것이 세시의식요이다.

✦✦ 신이 내려온다고 여겨지는 막대기나 나뭇가지.

하게 알아맞힌다고 한다.[15]

'춘향각시놀이'라고도 불리는 이 놀이는 굿을 하는 과정에서 이뤄지는 '대내림'✦의 모방이라고 할 수 있다. 중고등학교에서는 주로 여학생들끼리 둘러앉아 신장대의 대용물이라고 할 수 있는 볼펜을 잡고 반복적으로 "분신사바" 주문을 외우면서 귀신을 부르는 '분신사바놀이'를 하곤 한다. 만화나 영화를 통해 일본에서 수입된 놀이였지만 따지고 보면 이것도 대내림놀이의 변종이라고 할 수 있다.

그런데 충청도 지역을 중심으로 전승되는 꼬댁각시놀이의 특징은 이 놀이가 서사민요와 결합되어 있다는 사실이다. 말하자면 서사민요 자체가 일종의 주문 구실을 하고 있는 것이다. 이 주문을 외면 꼬댁각시의 혼이 실려, 꼬댁각시가 중개자가 되어 신탁을 전해준다고 믿었다. 꼬댁각시놀이는 말 그대로 집단적으로 민요를 부르면서 정초에 운수를 점치는 신탁놀이의 일종이었다.

이 신탁놀이에서 우선 주목해야 할 점은 이것이 엄숙한 의례의 일부가 아니라 '유희'라는 사실이다. 그래서 〈꼬댁각시노래〉는 연구자에 따라 의식요로도 유희요로도 분류한다. 이 놀이는 정초에 곡식을 이용하여 농사의 흉풍을 점치는 일, 윷을 던지거나 연을 날려 길흉을 점치는 일, 돌싸움✦✦이나 줄다리기 등을

✦ 서낭굿·성주굿 등을 하는 동안 굿과 무의 영험함을 보이기 위해 굿판의 단골한 사람을 지정하여 대(대나무·소나무·버드나무 등의 나뭇가지)를 잡게 한다. 격렬한 무악 속에서 주문을 외면 대잡이의 대가 떨리는데 이를 신이 내렸다고 판단하여 신탁을 점치는 의례를 말한다.

✦✦ 정월 보름이나 단오때 개천이나 도로를 사이에 두고 두 편으로 나눠 돌을 던지며 싸우던 대동놀이로 한자어로는 석전石戰이라고 한다.

통해 풍흉豊凶을 점치는 일과 마찬가지로 놀이를 동반한 점복이다. 무라야마 지준은 『조선의 점복과 예언』에서 이런 세시풍속을 '인위점人爲占' 항목으로 분류했다.16 무라야마의 책은 분류의 엄정성과 일관성에 문제가 있지만 '인위점'을 무당과 같은 복술자卜術者가 행하는 '신비점'과 다른 유형으로 본 것은 분명하다. 인위점은 '인위'라는 표현에서 알 수 있듯이 개인이나 집단의 행위에 따라 점괘가 결정된다는 뜻이다. 신의 개입은 부차적이다. 인위에 따라 흉풍이 결정되면 신탁은 인위의 결정을 따라온다고 여기는 것이다. 대홍수 후의 오누이가 맷돌점을 통해 자신들의 뜻을 신탁에 기탁寄託했듯이 신탁을 기만하는 행위라고 할 수 있다. 꼬댁각시놀이 역시 다르지 않다.

꼬댁각시놀이에서 주문 대신 부르는 서사민요〈꼬댁각시노래〉를 들어보면 그 사연만큼이나 곡조가 침울하고 느리다. 지역에 따라 "아이구 답답 설운지고"라는 후렴이 반복적으로 따라붙는 경우도 있고, 후렴이 없는 경우도 있다. 마을굿의 '대내림' 과정에서 연출되는 반복되는 주문, 격렬한 음악과 춤이 동반되는 심리적 흥분 상태가 보이지 않는다. 이런 상태에서는 단골로 꼬댁각시에 뽑히는, 소위 '신빨'이 좋은 여성이라도 잡고 있는 댓가지가 떨릴 것 같지 않다. 그러나 놀이가 진행되면 신장대를 든 여성에게 꼬댁각시의 혼이 실리고, 혼이 실리면 일어나 맹렬하게 춤을 추고 점을 친다17고 한다. 그리고 놀이에 참여한 여성들은 꼬댁각시의 신탁이 '신통하다'는 인식을 공유하게 된다.

주문呪文과 신탁의 형식 사이에 어긋남이 있는 것으로 보이지만 그럼에도 불구하고 '신탁이 신통하다'는 데는 다른 이유가 있는 것으로 보인다. 춤, 음악과 주문이 격렬하지 않은데도 신장대가 떨린다는 것은 가운데 앉아 있는 꼬댁각시나 둘러앉아 〈꼬댁각시노래〉를 부르는 여성들이 강렬한 공명 상태를 경험하기 때문이리라. 이 공명은 노래에 실린 꼬댁각시의 서러운 사연에 대한 깊은 공감에서 촉발된 것이다. 고아로 삼촌댁에 맡겨져 구박 속에 성장한 꼬댁각시, 고자 신랑에게 시집가 처절한 시집살이 끝에 자살한 꼬댁각시의 비극적 삶은 이 민요를 부르면서 운수점을 치는 여성들의 삶과 크게 다르지 않은 것이었다. 동해안 〈바리공주〉가 강조하고 있는 어머니 길대부인의 고통스러운 임신과 출산 과정에 공감한 단골들이 눈물을 흘리듯이, 꼬댁각시놀이의 장場은 강렬한 공감과 공명의 현장이 된다. 이런 집합적 감정의 고양 상태가 신탁의 격발장치가 되는 것이다.

서사민요에 형상화된 꼬댁각시는 마주하기 힘들 정도로 불안한 영혼이다. 걸음마도 배우기 전 고아가 되었다는 정체성이 그렇고, 삼촌 집에서 찬밥이나 겨우 얻어먹으면서 마당 쓸고 부엌 쓰는 일을 하다가 얻어맞는 성장 과정이 그렇고, 고자에게 시집가자마자 당한 횡액에다가 고된 시집살이가 그렇다. 어디에도 의지할 데가 없어 죽음에 의지한 신세가 그렇다. 반복되는 후렴구인 "아이고 답답 설운지고"는 꼬댁각시의 깊은 한과 정신의 불안을, 나아가 민요를 합창하는 꼬댁각시놀이판 참여자들의 불안한 정신을 함축하는 표현이다. 하지만 이들의 불안한 마음은 신탁을 향해 도망하지 않는다. 꼬댁각시는 신탁이 아니라 서럽고 답답하다는 탄식이나 죽음으로 달려가고,[18] 꼬댁각시놀이패들은 "놀아보자 놀아보자 연꽃이 올랐나 놀아보자"라는 신탁놀이로 달려간다.

꼬댁각시는 청정각시가 아니다.

꼬댁각시놀이에 참여하는 부녀자들은 꼬댁각시의 신탁이 신통하다는 반응을 보이지만 신탁에 특별히 매달리는 것으로 보이지 않는다. 신탁을 놀이화함으로써 놀이를 통해 신탁을 상대화한다. 탈신성화한 신탁놀이를 통해 현재의 시집살이나 다가올 시집살이에 대한 불안을 해소하는 데 놀이의 목적이 있다. 죽어야 해결될 문제라는 사실을 극명하게 보여주는 꼬댁각시를 호명함으로써 자신들의 죽음충동을 꼬댁각시에 실어 해소하려는 놀이패의 놀이 전략이라고 해도 좋을 것이다.

꼬댁각시놀이는 신탁놀이이고, 이 신탁놀이는 불안풀이놀이이다. 이 여성들의 집단 놀이에는 〈도랑선비 청정각시〉에 보이는 대타자Other의 작용이 없다. 따라서 신탁 콤플렉스도 없다. 그런 점에서 이 놀이의 정신은 대홍수 뒤 신탁을 시험한 오누이의 유희 정신에 연결되어 있다.

여신들의 반신탁 콤플렉스

신탁 콤플렉스와 반신탁 콤플렉스anti-oracle complex의 경계는 어디인가? 그것은 신탁을 무시·위반하고, 신탁을 속이는 데서 확보되는 심리적 공간에 의해 형성되는 것은 아닐까? 오누이는 인류의 멸절이라는 임계점에서 신탁을 위반할 수 있는 심리적 공간을 확보한다. 그것은 홍수라는 외부의 힘에 의한 것이기도 하지만 맷돌을 지고 신들의 산에 올라가는 내면의 힘 혹은 욕망에 의한 것이기도 하다. 기실 반신탁 콤플렉스는 신탁을 위반함으로써 신탁으로부터 거리를 확보하여 콤플렉스라는 심리적 상태를 해소하는 것이므로, 탈신탁 콤플렉스에 도달한 것이라고 할 수 있다.

제주 무속신화 가운데 〈삼공본풀이〉라는 작품이 있다. 〈삼공본풀이〉는 큰굿에서 모시는 삼공신三公神의 내력을 이야기하는 신화인데, 삼공신은 초공신初公神 젯부기삼형제, 이공신二公神 할락궁이와 달리 여신이고, 이름은 '가믄장아기'이다.[19] 〈삼공본풀이〉는 우리나라 전역에 전승되고 있을 뿐만 아니라 세계적인 분포를 보이는 '쫓겨난 여인의 발복發福' 유형에 속하는, '여성의 운명'에 대한 이야기이다. '숯구이 총각의 생금장', '복 많은 백정의 딸', '막내딸과 숯구이 총각' 등의 제목으로도 불리는데 운명을 결정하는 주인공의 태도가 특히 주목되는 민담이다. 이야기판에 흘러 다니던 이 민담이 제주도의 심방◆들에게 포착되어 굿의 레퍼토리로 자리를 잡았고, 여성 주인공은 삼공신이 되었다. 문제는 가믄장아기가 어떻게 삼공신이 될 수 있었는가 하는 것이다. 그녀는 운명에 대해 대체 어떤 태도를 취했기에 제주말로 '전상신[前生神]', 곧 '운명의 여신'이 되었는가?

가난하거나 거지인 남녀가 만나 부부가 된다. 이름의 뜻이 불분명한 강이영성이서불은 윗마을 남성이고, 홍운소천궁에궁전궁납은 아랫마을 여성이다. 첫째 딸로 은장아기, 둘째 딸로 놋장아기, 셋째 딸로 가믄장아기를 얻는다. 둘째·셋째로 내려갈수록 값어치가 하락하는 이름을 붙였다. 제주에서는 신생아에게 메밀가루를 타서 먹이는 관습이 있었는데 첫째는 은그릇에 둘째는 놋그릇에 타서 먹이고, 막내

◆ 무당의 제주 말.

극단 북새통에서 만든 어린이 연극 〈가믄장아기〉(2014)의 한 장면

는 나무그릇에 타서 먹인다. 나무그릇이 거무스름해서 가믄장아기가 된 것이다.

그런데 제일 가치가 낮게 평가된 가믄장아기가 태어나자 부부는 천하 거부가 된다. 가장 못난 인물에게 가장 가치 있는 보물이 있다는 것이다. 이런 역설paradox은 신화나 민담에서 아주 흔하다. 그러니까 가믄장아기가 떠난다면 강이영성 집안은 보물을 잃게 되는 상황을 설정해놓은 것이다. 과연 가믄장아기가 집을 나가자 집안은 폭삭 망해 버린다. 부부는 당달봉사✦가 되고, 막내를 배척한 언니들은 청지네나 용달버섯으로 변해

✦ 겉보기에는 멀쩡하나 앞을 보지 못하는 사람을 이르는 말로 청맹과니라고도 한다.

버린다. 함경도 〈바리데기〉에서 바리데기 수왕이를 배척하고 재산 다툼을 하다가 부활한 모친의 살煞에 죽어 나자빠진 여섯 언니의 형상과 비슷하다.

그렇다면 왜 가믄장아기는 집을 떠났는가? 딸들이 열다섯이 넘은 어느 비 오는 날, 부부는 딸들을 불러놓고 문답을 한다. 부모가 딸들에게 묻는다. "너는 누구 덕에 먹고 입고 행우발신行爲發身✦하느냐?" 첫째와 둘째는 "하늘님도 덕이웨다. 지하님도 덕이웨다. 아바님도 덕이웨다. 어머님도 덕이웨다"라고 답한다. 언니들은 천지의 덕과 부모님의 덕으로 산다는 대답, 부모가 원하는 정답을 내놓는다. 천하 거부가 된 것이 막내딸의 덕택이라는 진실을 모르는 부모가 막내에게도 똑같이 묻자 가믄장아기는 스스로 얻은 정답을 내놓는다. "하늘님도 덕이웨다. 지하님도 덕이웨다. 아바님도 덕이웨다. 어머님도 덕이웨다마는 나 베또롱✦✦ 아래 선그믓 덕으로 먹고 입고 행위발신합네다."[20] 가믄장아기는 한 걸음 더 나아간다. 천지와 부모의 덕이 있지만 자신의 배꼽 밑에 있는 검은 선, 곧 임신선姙娠線 덕에 앞길이 훤하다고 대답한다. 이 대답 때문에 가믄장아기는 불효막심한 자식이 되어 쫓겨난다.

〈삼공본풀이〉는 운명의 해석을 두고 은장아기·놋장아기와 가믄장아기를 대립시킨다. 부모를 기쁘게 한 언니들의 대답은 '운명은 천지와 부모에 의해 결정된다'는 것이고, 부모를 화나게 한 막내의 대답은 천지와 부모의 작용도 없지는 않겠지만 '운명은 내 능력에 의해 결정된다'는 것이다. 천지와 부모는 내가 결정할 수 없는 외부적 요소다. 가

✦ '행위발신'의 입말로 사회인으로 활동하거나 자신의 처지를 딛고 출세하는 것을 이른다.
✦✦ 배꼽의 제주 말.

〈삼공본풀이〉에서 맹인이
된 강이영성이서불 부부를
떠올리게 하는 19세기
무신도의 맹인 부부

믄장아기는 임신선을 내세운다. 임신선은 임신하면 배꼽 아래 나
타나는 거뭇한 세로선으로 여성의 생산 능력을 상징한다. 가믄장
아기는 임신선으로 표상되는 자신의 잠재적 능력에 의해 운명이
형성된다고 말하고 있는 셈이다. 그리고 가믄장아기는 삶의 과정
을 통해 자신의 말을 증명한다. 부모의 집을 떠나 막내 마퉁이✦를
선택하고 금을 발견하여 거부가 된다. 그 뒤 석 달 열흘 맹인 잔
치를 열어 거지로 떠도는 당달봉사 부모를 구
원한다. 〈삼공본풀이〉는 가믄장아기가 전상   ✦ 마를 캐는 아이를 뜻
신이 되는 과정을 형상화함으로써 운명은 주   하는 '마+동童이'에
                                                     서 온 말.

제주굿에서 점을
칠 때 사용하는
산판✦(천문·상잔·산대)
— 제주도 심방의 무구
가운데 하나

체의 행위의 결과, 주체의 능동성의 결과라고 말하고 있는 것이다.

그런데 여기서 놓치지 말아야 할 지점이 있다. 심방은 〈삼공본풀이〉를 "들었던 술잔 탈랑 놓으니 설운 아바님 설운 어머님 눈이 반짝 밝아졌구나. 개명천지開明天地가 되었구나"[21], 곧 심청의 아버지 심봉사의 개안처럼 부모의 개안으로 마무리하면서 '점을 친다.' 이를 '상잔점'이라고 하는데 "술잔을 탈랑 놓는다는 대목에 신방이 상잔을 덜렁 떨어뜨려 그 엎어지고 자빠짐을 보고 길흉을 판단"[22]하는 방식이다.

서순실 심방은 2014년 7월 제주대학교 박물관에서 〈삼공본풀이〉를 구연하면서 이 대목에 이르자 상잔의 점괘를 보면서 조사자들에게 "아이고 눈들 안 아프쿠다예"라고 했고, 조사자들은 웃으면서 "고맙수다"라고 대답했다.[23] 이 신탁의 발신과 수신 과정에는 세 가지 힘이 집약되어 있는 것으로 보인다. 가믄장아기의 능동적 의지가 결국에는 부모의 개안이라는 점괘를 이룩

✦ 엽전 모양의 놋쇠로 천지일월天地日月이 새겨진 천문天門, 놋쇠로 만든 한 쌍의 술잔 모양을 띤 상잔床盞, 상잔을 올리는 접시 모양의 대인 산대算臺를 아울러 산판算板이라고 하고, 세 무구로 치는 점을 산판점이라고 한다.

했고, 상잔의 모양을 보니 〈삼공본풀이〉를 구연하는 심방의 굿이 잘 되었다는 것, 그러니 굿에 참여한 이들의 안질도 치유가 되었다는 것이다. 전상신 가믄장아기의 능동성이 〈삼공본풀이〉를 풀어내는 전상놀이판의 능동성으로 확장되고, 놀이판의 능동성이 참여자들의 능동성으로 다시 확산되는 현장인 셈이다.

이 마지막 퍼포먼스에서 가믄장아기의 운명은 신탁 콤플렉스라는 우리의 주제와 조우한다. 〈삼공본풀이〉에는 신탁에 기대는 장면이 없다. 거지같은 삶을 살다가 만난 부부에게는 아들에 대한 기대가 없다. 기대가 없으니 자식의 유무에 대한 불안도 없다. 그런데 천하 거부가 되자 불안이 머리를 든다. 그래서 쓸데없이 자식들을 모아놓고 "누구 덕에 사느냐"라는 질문을 한 것이다. 나는 이 질문에 신탁이 감춰져 있다고 생각한다. 대홍수 뒤 오누이는 "결혼하라"라는 신탁을 얻기 위해 맷돌을 굴리며 물었다. 부부는 "부모덕에 산다"라는 대답, 다시 말해 "부모에게 순종하라"라는 신탁을 듣기 위해 세 번이나 물었던 것이다. 그러나 신탁에 포획되어 자신들의 권리를 신에게 혹은 부모에게 양도한 두 언니와 달리 가믄장아기는 신탁으로부터 탈주한다. 신탁에 맞서 신탁을 놀이로 만든다. 가믄장아기는 반신탁의 길로 달려간다. 강이영성·홍운소천 부부는 못된 딸을 축출했다고 생각했지만 사실 가믄장아기는 자발적으로 가출한 것이다.

운명의 여신 가믄장아기의 행로를 더 풍부한 서사로 형상화하고 있는 작품이 〈세경본풀이〉이다. 제주의 무속신화인 〈세경본풀이〉는 여주인공 자청비가 신화적 통과의례를 거쳐 세경신(농경신)으로 자리잡는 과정을 이야기하고 있다. 이 과정에서 드러나는 자청비의 형상에는 콤플렉스라고 분석할 만한 요소가 보이지 않는다. 자청비는 프로이트식으로 오이디푸스화할 수 없는 인물이다. 자청비는 능동적 에너지가 넘치는 반신탁적 캐릭터이다.

자청비는 어떻게 태어났는가? 자청비의 출생 대목은 전형적인 고전 서사의 코드를 따라간다. 김진국 대감과 조진국 부인은 집안은 넉넉하지만 오십이 되도록 자식이 없었다. 바리데기 신화에서도 오이디푸스 신화에서도 만날 수 있는 불안 서사의 기본 형식이다. 이런 불안 다음에 따라오는 행위가 바로 기자치성祈子致誠✦, 곧 신탁의 요청이다.

동개남은중절의 스님이 시주를 오자 부부는 점을 쳐달라고 의뢰한다. 점괘는 이랬다. "대감님아, 대감님아, 우리 당이 영급이 좋아 송낙 만들 감도 구만 장 가사 지을 옷감도 구만 장 상백미上白米 일천 석 중백미 일천 석 하백미 일천 석 백 근에 되게 저울로 달아 우리 법당에 와서 석 달 열흘 원불수륙願佛水陸 드리면 남녀 자식이 있을 듯합니다."²⁴ '있을 듯하다'니! 안사인 심방이 구연한 이 자료의 점괘는 모호한데, 강을생 심방이 구연한 다른 자료의 점괘는 분명하다. "김진국 대감님아 공이나 잘 드리시면 마지막 메밀농사로 아들자식 하나 보겠습니다. 공을 아니 들이시면 머리 깎고 바다 건너 절에 갈 팔자입니다."²⁵ 불공佛供을 드리면 아들을 얻겠으나 그렇지 않으면 자식이 제주 떠나 중이 된다니! 중의 입에서 조건부 신탁이 흘러나온 것인데 신탁이 아니라 거의 협박에 가깝다. 이처럼 모호하고 위협적인 조건부 점괘는 조건에 문제가 생길 가능성을 암시하는 것처럼 보인다.

✦ 절이나 바위 등을 찾아 정성스레 아들 낳기를 비는 행위.

탐라국 입춘굿에 형상화되어 있는 농사의 신 자청비

아니나 다를까 불공을 올리는 과정에서 두 가지 오류가 발생한다. 수륙재水陸齋◆에 바칠 공물供物을 저울에 계량했더니 한 근이 모자란다. 소사小師◆◆ 중의 신탁은 대사大師 중에 의해 수정된다. "백 근이 찼으면 아들을 낳았을 텐데 백 근을 못 채웠으니 딸이 태어나리라." 두 번째 오류는 안사인의 구연본에는 없지만 강을생 등의 구연본에는 나타난다. 최초의 신탁을 발행한 중은 동쪽의 동개남은중절에 와서 수륙재를 드리라고 했다. 그러나 김진국 부부는 공물을 마련하여 불공을 가는 도중 쉬려고 들렀던 서쪽 서개남무광절의 늙은 중의 말을 듣고는 거기서 수륙재를 지낸다. 첫 신탁의 조건을 위반했다는 뜻이다. 강을생 등 다수의 구연본에는

◆ 집 밖에 있는 물이나 땅에서 편하게 죽지 못해 떠도는 귀신들을 위로하는 불교 의례.

◆◆ 소사 중은 대사 중에 상대되는 개념으로, 어리거나 변변치 못한 승려.

두 가지 오류가 모두 나타난다. 말하자면 거듭된 신탁의 위반으로 태어난 인물이 자청비인 셈이다. 세경신 자청비는 탄생부터 신탁을 거부한다.

더 흥미로운 부분은 김진국 부부가 딸의 출생에 대해 보인 태도다. 부부는 무자식 처지인데 아들이면 어떻고 딸이면 어떠하냐고 반문한다. 이름 또한 '스스로 났다', '자청해서 태어났다'는 뜻을 담아 '자청비自請妃'라 짓는다. 〈바리데기〉 신화가 부각하고 있는 아들에 대한 편집증은 거의 드러나지 않는다. 자청비의 출생과 작명에 대한 이야기는 그녀의 삶의 행로를 암시한다. 자청비는, 가믄장아기가 부모에게 맞섰듯이 자신을 둘러싼 모든 오이디푸스화에 맞선다.

이와 관련하여 주목해야 할 지점은 자청비의 운명을 신탁의 굴레 속으로 밀어넣으려고 덤벼드는 존재들이 모두 남성이라는 사실이다. 자청비와 같은 날 같은 집에서 태어난 하녀의 아들 정수남, 천상에서 내려와 자청비의 짝이 되었다가 분리되는 문도령, 자청비의 여성성을 검증하려는 서당의 거무선생, 자청비를 차지하려고 문도령을 살해하는 삼천선비들, 자청비의 며느리 자질을 엄혹하게 시험하는 문선왕 등이 그들이다. 이들은 마치 연대라도 한 것처럼 자청비를 몰아붙이지만, 자청비는 경쾌하게 그들의 그물을 피해 자신의 자리를 구축한다. '농경의 여신'이라는 자리 말이다.

그렇다면 이 남성들 가운데 문제적인 인물 정수남은 누구인가? 정수남은 김진국 대감의 하녀 느진덕이정하님의 아들로 설정되어 있는데, 자청비와 같은 날 태어난다. 같은 날 주인은 딸을 낳고 좋은 아들을 낳은 셈인데 신화적 안배가 보인다. 안배라는 것은 신화가 관습적으로 구축하는 균형 욕망에 따른 결과, 곧 상하 관계와 호오 관계의 교차를 말한다. 주인의 지위는 좋은 것 같지만 기대 밖의 딸을 얻고 종의 처지는 나쁜 것 같지만 환영받는 아들을 얻는 관계 말이다. 이런 것이 신화적 균형이 추구하는 역설적 배치이다. 신화가 설립하려고 하는 세계의 질서라고 할 수 있다.

정수남과 자청비는 혈통은 다르지만, 상징적으로 보면 이란성쌍생아이다. 사실 자청비의 부모가 신탁을 위반했기 때문에, 신탁이 실현되었더라면 태어나야 했을 아들이 하녀의 몸에서 태어난 것이다. 따라서 정수남-자청비의 관계는 신탁-반신탁의 관계를 형상화한 것이라고 해도 좋다. 서로 대립하는 두 인물인 정수남과 자청비를 쌍생아라고 한 것은 이런 뜻이다. 두 인물이 한집에 있듯이, 신탁과 반신탁의 관계도 한집에 있는 두 국면이다. 신탁의 그늘에는 반신탁이, 반신탁의 그늘에는 신탁이 있다. 신탁을 위반함으로써 농사를 돕는 세경신이 된 자청비의 형상이 이를 반증한다.

둘의 쌍생아적 상징성은 여기에 그치지 않고 제주 농업의 실상과 연결되어 있다. 〈세경본풀이〉의 결말에 이르면 정수남은 하세경신이라는 이름을 받는다. 그러나 그의 실질적 신직은 마불림제를 받는 목축신이다. '말을 불리는 굿'이라는 말뜻에서 알 수 있듯이, 제주의 농사에서는 말이 중요하다. 제주 토양의 특성상 조처럼 자잘한 곡물을 파종할 때는 수십 필의 말을 동원하여 밟아주어야 한다. 또 지력 증진을 위해 정기적인 휴경이 필요한데 휴경 시에는 밭에 마소를 풀어 거름을 만들어주어야 한다.[26] 목축과 농경은 대립적 생산양식이나 제주의 환경에서 양자는 협력관계를 구축할 수밖에 없었다. 정수남과 자청비의 쌍생아 관계는 이런 토대 위에 형성된 것이다. 그럼에도 불구하고 자청비가 주인이고 정수남이 종이었던 까닭은 목축과 농경의 관계에 대한 시각을 반영한 것으로, 목축보다 농경이 더 나중에 들어왔고 더 나은 생산양식이라는 집단의 인식이 있었기 때문이다. 이런 생산양식상의 관계가 정수남을 죽이고도 살려내는 자청비의 형상으로 빚어졌다. 자청비는 농경의 풍요를 담당하는 여신이므로 곡물을 땅속에 갈무리했다가 싹을 틔워내는 권능을 가지고 있어야 한다. 그런 권능이 정수남과의 관계로 표현된 것이다. 그래서 되살아난 정수남은, 제주의 밭농사에 꼭 필요한 존재이므로 최종적으로는 세경신의 일원(하세경신)으로 배치된 것이다. 구연본에 따라서는 테우리✦의 신인 '세경장남'이라는 신직을 받기도 하는 것이다.

그런데 신탁이라는 시각에서 주목해야 할 대목은 하인 정수남이 주인 자청비를 지속적으로 기망하고 추행하는 장면이다. 이 대목은 둘의 관계를 생산양식의 갈등과 조정으로 이해하여, 정수남을 죽이고 살림으로써 농작물을 망치는 마소에서 농작을 돕는 마소로 바꾸었다는 해석이 일면적일 수 있다는 점을 일깨워준다.

목말라 물이 먹고 싶어 정수남이 보고 그 말하니 한곳에 가서
이 물을 먹자고 하면 옷을 벗고 엎드려서 먹어

야 합니다 하니

자청비는 하는 수 없이 의복을 벗고 물을 먹고 나서 보니 의복이 업는지라.

정수남이는 의복을 숨겨두고 자청비 애쓰는 꼴을 만족한 듯이 보고 있으니

자청비가 정수남이 보고, 의복을 찾아내라 하니

의복을 찾아 드리겠사오니 아씨 입이나 좀 맞춥시다.

자청비 기가 막혀 정수남아 내 입을 맞추는 것보다

집에 돌아가서 아버지 물든 대나무 곰방대 물면 좋지 않겠느냐?

그러거든 젖이나 좀 만져봅시다.

젖보다도 집에 가서 연적을 가져보아라.[27]

천상에서 내려온 문도령과 얼레빗을 꺾어 정표로 나누고 헤어진 뒤 자청비는 정수남과의 재회를 학수고대한다. 이런 상전의 심정을 이용하여 정수남은 상전을 범하려고 한다. 산속 연못에서 문도령이 기다리고 있다고 꾀어내어 산으로 올라가는 중에 옷을 벗기고 입을 맞추려고 한다. 젖을 만지고 겁탈하려고 한다. 사실 앞에서 언급한 정수남 살해는 이 추행 과정의 종점에서 발생한 사건이다.

정수남은 어떻게 이런 천인공노할 행동을 할 수 있었을까? 이는 계급적 위계보다 성적 위계가 우선시되는 남성 지배 사회를 전제하지 않으면 이해하기 어려운 일이다. 마치 주인 자청비를 공격할 자격이 있는 것처럼 행동하는 정수남의 형상은 '공물 백 근

〈세경본풀이〉를 풀어 쓴 나의 책

이 아들'이라고 말하는 대사, 중에게 신탁을 전하는 괄호 속의 부처[28]와 같은 계열에서 만들어졌다. 이 계열 속에는 〈세경본풀이〉에 등장하는 김진국대감·문도령·글방선생·문선왕·삼천선비 등의 남성 캐릭터가 모두 등록되어 있다. 이들은 자청비를 출생 이전에 이미 공표된 신탁 이데올로기로 끝없이 호명하는 존재들이다. 앞에서 '오이디푸스화'라는 용어를 사용한 바 있는데 바로 이들이 자청비를 끊임없이 오이디푸스화하는 존재들이다.

　이런 맥락에서 보면 제주 무속신화 가운데 가장 긴 이야기의 주인공인 자청비는, '공물 백 근을 시주하면 아들, 모자라면 딸'이라는 신탁의 이데올로기에 맞서는 존재이다. 자청비는 암수 맷돌이 합쳐질 때까지 신성한 산정山頂에 올라가 맷돌을 굴리는 오누이이며, 오누이처럼 안티오라클 콤플렉스를 실천하는 인물이자 여신이다. 정수남을 비롯한 남성들로부터 끊임없이 탈주하는 한 자청비는 콤플렉스가 없는 여신이다.

5장 손님굿, 탈신탁의 신화와 놀이

천연두의 공포와 대응

손님굿이라는 무속 의례가 있다. '마마'라고 불리는 '손님신'을 모시는 굿거리다. 마마는 두창痘瘡·두역痘疫 등으로도 불리는 천연두天然痘Smallpox를 이른다. 동해안에서 주로 쓰이는 '손님굿'이라는 명칭은 제주도에서는 '마누라배송', 호남에서는 '손굿', 서울·경기 지역에서는 '별상거리'·'호구거리' 등으로 불린다. 천연두라는 전염병을 옮기는 역신疫神을 모심으로써 질병을 피하고 명복命福에 재복財福까지 얻어내려는 의례이다.

이능화는 『조선무속고朝鮮巫俗考』(1927)에서 이렇게 썼다.

우리 한국에서는 천연두가 혹은 한 해 걸러서 혹은 해마다 발생하고 퍼져서 인명을 해친다. 대개 처음 천연두가 걸리면 처음 아프기 시작할 때부터 자국이 잡히고 부스럼이 일

조선시대 초상화 속에
나타나 있는 마마 자국

어나고 고름이 배어나오며 부스럼이 줄어들고 딱지가 떨어
질 때까지 각각 사흘이 걸리니, 10여 일이 지나야 비로소 병
이 나간다. 천연두가 유행하면 세상에서는 매우 두려워하
며, 신이 있는 것으로 생각해서 기도와 축원을 하면서 하지
않은 바가 없다.[1]

이능화는 천연두의 발병과 진행 과정을 기술하면서 천연두
의 공포와 의례의 관계를 거론한다. 19세기 말에는 질병의 정체가
알려졌고 지석영 등에 의해 우두국牛痘局이 설치되기도 했지만 천
연두는 여전히 무서운 병이었다. 걸리면 죽거나 살아나도 곰보가
되는 두려운 병이었다.

두 가지 사례를 살펴보자. 병자호란 당시 조선에는 마마가 유행 중이었다. 홍타이지는 1636년 정월 인조의 무릎을 꿇렸지만 청군 진영에서 환자가 발생하자 서둘러 귀국할 수밖에 없었다. 천연두에 대한 두려움이 병자호란의 결말을 바꾼 것이다.[2] 병자호란 이후에도 마마는 조선 땅을 떠나지 않았다. 실록에 따르면 현종 10년(1669) "정월 이후 함경도에서 두역痘疫으로 사망한 사람이 9백여 명"[3]이었다고 한다. 3월 10일 자 기록이니 두 달 만에 상당한 사망자가 발생한 것이다. 홍타이지의 황망한 회귀, 실록의 건조한 기록 뒤에 어른거리는 것은 공포스러운 두신痘神의 모습이다. 대처할 방도가 없으니 두려움 속에서 기축祈祝+에 기댈 수밖에 없었을 것이다.

그런데 손님굿을 통한 기축은 두려움 때문에 어쩔 수 없이 치르는 의례가 아니다. 근대의 위생학적 관점을 투사하여 '미신'의 이름으로 축출할 행위도 아니다. 오히려 손님굿과 굿의 서사에는 적극적이고 정교한 천연두 다루기 전략이 있다. 여기에는 백신을 통한 방어술이 개발되기 전 우리의 민속문화가 전승해왔던 전前 백신적 혹은 비非백신적 대응 전략이 숨어 있다. 그리고 이 대응 전략 안에 신탁 콤플렉스를 넘어가는 탈신탁의 논리, 혹은 놀이의 정신이 스며 있다.

무속의 손님신 인식

천연두는 언제 이 땅에 들어왔을까? 이

+ 신에게 빌고 기대는 것.

수광은 『지봉유설』(1614)에서 천연두는 한나라 광무제 때 마원馬援(BC14-AD49)이 남방을 정벌하면서 오랑캐의 병에 전염된 것이 시초라고 했다. 이능화는 "우리나라 의방醫方에서는 '천포창天疱瘡은 정덕正德 연간 이후 중국으로부터 전파되어 온 것이며, 중국에서도 옛날에는 역시 이런 질병이 없었으니, 서역으로부터 온 것'"4이라고 이해한 바 있다. 요컨대 천연두는 본래 서역에서 중국으로 건너왔고, 명나라 정덕 연간(1506-1521) 이후, 그러니까 조선 중종 무렵, 또는 임진왜란을 전후한 시기에 우리나라로 전염되었다고 보는 것이다.

그런데 카와무라 준이치川村純一는 『일본두창사日本痘瘡史』에서 "불교의 전파와 함께 기원전 2세기에서 기원후 4세기경 중국에 퍼졌고, 그것이 한반도를 거쳐 6-7세기경 일본에 전파된 것으로 추정"5한다. 불교를 매개로 하여 한나라 때 중국으로, 삼국시대에는 이미 한반도에 천연두가 들어와 있었다고 보았다. 일찍부터 처용설화에 등장하는 역신6을 천연두의 침범으로 해석하는 경향도 이런 관점을 수용한 것으로 보인다. '역疫'으로 표현되어 있는 전염병에 관한 기록이 백제 온조왕 4년 이래 삼국시대와 통일신라시대에 20여 건,7 『고려사』에 20여 건8이 있고 이들 가운데 천연두로 볼 만한 전염병이 있었던 것9을 보면, 임란 이후에 중국에서 들어왔다는 시각이 정확한 것으로는 보이지 않는다.

그러나 역사적 사실 여부와 상관없이 손님굿에서는 다른 형식으로 천연두의 기원을 이야기한다.

손님네 난 데는 그 어디가 본本일런고? 강남대한국 아죽대

자죽대 왕대 시누대 밭에 쉰세 분이 솟아났네. 하루는 손님네가 회의를 하여 세계 각국을 살펴보니 우리 조선국은 좋은 약도 없고 처방도 없고 침술과 한약뿐이라 마마 천연두는 치료가 안 되니 손님신을 모셔놓고 굿을 하여 막동이 불러 막동이놀이하여 막동이가 손님신을 모시고 우리 조선국 도군읍면 방방곡곡 다니면서 가가호호를 다니면서 병 고치러 조선국을 나오시려고 손님네 의논하시는데 강남대한국은 대大잎같이 넓은 국이고 우리 조선국은 소小잎같이 좁은 국이라. 대한국을 둘러보니 의밥 치레✦ 살펴보니 피밥이고 조밥이고 반찬 차림 살펴보니 노래기 채소에 굼벵이 산적에 이렇게 험하게 자시고, 우리 조선국을 살펴보면 인물 좋고 거례 좋고[예의가 있고] 밥 좋고 옷 좋고 인심 좋다 말씀 듣고 우리 조선국을 나오실 때 크다는 대한국을 비우지 못하여 쉰 분은 귀국하고 네 분이 우리 조선국을 나오신다.[10]

이 동해안 굿 사설에서 '강남대한국'은 중국 남방을 지칭한다. 굿 사설의 '관용적 표현oral formula'이다. 손님굿 사설에서는 손님, 곧 천연두 신의 고향이 중국 남방이라고 말한다. 동해안뿐만이 아니라 다른 지역의 손님굿 사설에서도 고향은 한결같이 강남이다. 대나무 밭에서 솟아났다는 표현도 관용적이다. 제주도 무속신화의 많은 신들이 제주 땅에서 솟아나거나 강남 땅, 혹은 한양 땅의 모래밭이나 대밭에서 솟아난다. 남쪽 출신 신들이 주로 땅에서 솟아난다면 북쪽 출신 신들은 주로 하늘에서 내려온다.

✦ 옷차림과 음식 차림.

그런데 강남국 손님신들이 한반도에 들어오려면 먼저 압록 강을 건너야 한다. 이 과정에서 뱃사공에게 배를 빌리려고 하자 "임진년 왜란에 배 파선 다해버리고 다만 한 척 남은 건 우리나라 세자 동궁 모시러 가서 빌려줄 배가 없사오니"[11]라고 대답한다. 뱃사공의 대답이 머금은 뜻은 무엇일까? 먼저 동해안 손님굿의 신화가 임진왜란 이후에, 또는 사설의 정보를 믿는다면 병자호란 이후 소현세자 귀국이 사회적 현안이 되었을 무렵에 제작되었을 가능성이다. 둘째는 손님굿 자체가 이 시기에 분화되었을 가능성 이다. 처용설화나 나례儺禮✦에서 알 수 있듯이 전염병에 대한 굿 은 삼국시대부터 있었겠지만, 그것이 천연두 신에 대한 굿으로 세 분화된 것은 이때였으리라는 것이다. 이렇게 보면 무속에서는 손 님신이 중국 남방에서 압록강을 건너, 병자호란을 전후로 한 시기 에 조선 땅에 유입된 것으로 이해하고 있었다고 할 수 있다. 이는 대체로 『지봉유설』을 비롯한 조선시대 문헌 기록들과 비슷하므로 무당들이 손님굿의 사설을 만드는 과정에서 이런 인식을 받아들 였을 가능성이 크다.

손님신의 이름도 참조할 만하다. 천연두는 두창痘瘡·두역痘 疫·창진瘡疹 등의 한자어로 문헌상에 기록되어 있고, 그런 이유로 천연두 신을 두신으로 불렀다. 민간이나 무속에서는 두신을 호구 별성(별상)·호환마마·호귀마마·곰보마마, 또는 줄여서 마마라고 부르기도 했다.[12] 여기서 주목되는 표현은 '호 귀'와 '마마'이다. 호귀胡鬼는 호구戶口로 변형 되어 쓰이기도 하는데 말 그대로 오랑캐 귀 신을 뜻한다. '호'가 여진이나 만주족 등 북방

✦ 궁중과 민간에서 섣 달그믐에 묵은 귀신 을 쫓는 의례로 향가 〈처용가〉에 얽힌 처 용나례가 대표적인 사례.

천연두의 신 호구별성을
형상화한 무신도

오랑캐를 가리키는 말이니 천연두신은 북방에서 들어온 신이라
는 뜻이다. '마마'는 더 직접적이다. 마마는 본래 고려 말에 원나
라에서 들어와 궁중에서 왕이나 왕비, 대비 등을 부르는 극존칭으
로 사용되던 말이고, 청나라에서는 궁중의 나이 많은 궁녀를 부르
는 말일 뿐만 아니라 천연두를 일컫는 만주 말이다. 만주족의 청
나라에서 이미 여신으로 높여 부르던 천연두 신이 그대로 수용되
었다는 뜻이다. 이는 병자호란 전후에 압록강을 건너 손님신이 들
어왔다는 굿 사설의 인식과 일치한다. 사실 여부와 무관하게 민간
에서는 천연두를 북쪽 오랑캐가 옮긴 병으로 인식했던 것이다.

　　그렇다면 손님신은 왜 쉰세 분이고 그 가운데 세 분만 조
선국에 들어왔는가?『삼국유사』의「선도성모수희불사仙桃聖母隨喜

佛事」기사를 보면 선도산의 신모神母는 안흥사의 여승 지혜가 불전을 수리하려고 할 때 도우미를 자처한다. 신모는 자신이 좌정한 자리 밑에 묻혀 있는 황금을 시주하면서 조건을 내건다. 자신이 시주한 "금으로 주존삼상을 장식하고 벽에는 오십삼불, 육류성중, 천신들, 오악신군을 그리고, 매년 봄가을에 열흘 동안 선남선녀를 모아 중생들을 위해 점찰법회를 여는 것을 규정으로 삼아주시오"[13]라고 요구한다. 선도성모는 경주 서악의 산신으로 지역민들이 모시던 무속의 여신이다. 이 여신의 요구 사항 가운데 53명의 부처가 나온다. 53불은 『무량수경無量壽經』에 따르면 아미타불의 전신인 법장보살法藏菩薩의 스승인 세자재왕불世自在王佛 이전의 부처를 지칭하는데, 삼존불의 배후를 장식하는 탱화의 주요 주제였다. 선도산 성모가 다른 신불神佛과 더불어 53불을 그리게 하고, 점찰법회까지 요구했다는 것은 이 시기의 무교가 53불을 받아들이고 있었다는 뜻이다. 강남대한국에서 솟아난 손님신 쉰셋은 오십삼불에서 그 기원을 찾을 수밖에 없다.

쉰셋 손님신의 불교적 기원보다 더 흥미로운 부분은 그들 가운데 셋만 조선국에 왔다는 진술이다. 조선국이 인물 좋고 인심 좋지만 큰 나라를 비울 수가 없어서 쉰 분은 남고 세 분만 조선국으로 나왔다는 것이다. 한데 자료들 사이에 차이가 있다. 어떤 구연본에는 셋으로 어떤 구연본에는 넷으로 나온다.

강남 나라 손님네 옷 좋은 나라 받으시고 밥 좋은 나라 나오실 적 몇 분이나 오시던가 쉰세 분 오시더라 오다가 돌아보니 작지 못한[14] 국이라 엿보던 쉰 분은 도로 돌아가시고

다만 세 분 오실 적에 산은 몇 산을 넘어오며 물을 몇 물을 건너시던가.[15]

각시손님, 세존손님, 호반손님, 문신손님 네 분이 나오실 제 각시손님은 천연두를 시킬 때 못난 얼굴 잘나게 하려 나오시고, 세존손님은 재산과 명복을 불려주려고 나오시고, 호반손님은 가가호호 빠짐없이 정구칠라고 나오시고, 문신손님은 서책을 옆에 끼고 기록하되 죽을 자식은 빨간 점을 이름자 밑에 찍고, 마마시켜* 살릴 자식은 이름자 밑에 흑점을 찍어 기록하려고 나오시고, 또 호반손님 책임은 오른손에 활을 들고 왼손에 화살 들고 사방에 활을 쏘아 사방에 나쁜 액을 막으려고 활을 쏘며 나오신다.[16]

이 자료는 전라북도 고창에서 채록된 〈손님풀이〉인데 쉰세 분이 나오다가 쉰 분은 돌아가고 세 분만 나온다. 가장 이른 시기에 조사된 경기도 오산의 〈손굿〉도 같다.[17] 다른 지역도 다르지 않다. 그렇다면 김석출이 구연한 동해안 자료에 착오가 있는 것은 아닐까? 이에 대해 신동흔은 "조선으로 나온 손님의 숫자는 셋과 넷 사이를 임의적으로 오가는 것으로 생각된다. 실제로 매번 나오는 손님들의 숫자가 고정될 이유는 없다"[18]라고 했고, 권선경은 "구전상의 오류일 수도 있고, 추후 천연두신의 역할이 증대되면서 한 분의 손님신이 더 결부된 것으로 이해할 수도 있"는데 "주도적 역할을 하는 것을 각시손님"이고 "함께 언급되어 있는 시준손님,

* 마마를 주어 얼굴을 얽게 하되.

문신손님, 호반손님은 일반적인 다른 무가에도 자주 등장하는 무속신"이기에 "관용적으로 언급한 것으로 생각할 수도 있다"[19]라고 했다. 그러나 임의적으로 오가는 것도 아니고 구전 과정의 오류도 아니다. 셋이든 넷이든, 의식적이든 무의식적이든, 거기에는 그럴 만한 이유가 있을 것이다. 그 이유를 밝히려면 손님굿 신화의 구조를 살펴야 한다.

손님굿 신화의 구조들

논리적으로 보면 손님신은 세 분이 맞다. 글 좋은 문신文臣손님과 칼을 차고 활을 든 호반虎班손님이 짝패이다. 이는 고려·조선시대의 정치 관념이 반영된 신직 배치이다. 그래서 문신손님은 명부를 들고 '살 자식에게는 검은 점, 욕볼 자식에게는 붉은 점'을 찍는 역할을 수행하고, 호반손님은 무기를 들고 사방의 살을 막는 기능을 수행한다. 이들은 남성신이다. 그렇다면 각시손님은? 각시손님은 '천연두에 걸렸을 때 못난 얼굴 잘나게 하려고 나오신'[20] 여신이다. 각시손님을 중심으로 좌우에 문무손님이 배치된 신직 구도는 무불도기巫佛道基 등의 종교에 두루 존재하는 보편적인 삼신三神 관념의 소산이다. 그래서 이부영은 '대극의 통합'이라는 분석심리학의 개념을 통해 "모두 목숨을 다루는 신神이라는 점點에서 공통共通되고 두신痘神의 경우는 특特히 문무양신文·武兩臣에 부인신夫人神 하나의 결합을 보이고 있다. 마치 문무文·武의 양극兩極을 부인夫人이 통합統合하고 있는 듯한 구조構造를 하고 있

다. … 두신痘神 삼위신三位神에 있어서 세 번째의 부인신夫人神의
역할은 대극對極의 긴장을 해소하기 위하여 등장한 요소로 간주
할 수 있다"[21]고 보았다. 그러나 형식적으로 보면 대립적인 두 남
신 사이에서 여신이 양자를 조절하는 것 같지만, 텍스트의 세부로
진입해보면 구조적으로 더 복잡한 국면이 얼굴을 드러낸다.

먼저 손님신에 대한 손님굿의 태도를 확인해야 한다. 손님
신은 천연두의 신이고, 공포 자체이다. 그런데 민속에서는 이 두
려운 신을 괴물이 아니라 손님으로 불렀다. '손'은 외래자外來者
이고, '님'은 존칭어이다. 우리의 굿과 의례에는 '뒷전의 윤리'라
고 할 만한 것이 있다. 굿의 뒷전 혹은 뒤풀이, 여제厲祭＊와 같은
의례에서 알 수 있듯이 떠돌이나 외래의 뭇신들을 배척하지 않
고 포용하는 환대의 윤리라고 할 수 있다. 근래 데리다나 레비나
스, 아감벤의 사유를 경유하여 타자에 대한 환대의 윤리학이 철학
적 화두가 되고 있지만[22] '뒷전의 윤리'에는 이미 문화가 된 환대
의 실천이 있었다. 데리다가 "제우스께서는 탄원자들과 나그네들
의 보호자이시며, 존중받아 마땅한 손님들과 동행하시는 손님의
신이시오"[23]라고 노래하는 오디세우스 이야기를 통해 발견하려
고 했던 환대의 사상[24]과 다르지 않다. 손님굿이 새로 생긴 무서
운 질병을 손님으로 받아들이는 방식도 이 환대의 윤리 위에 있
다. 일차적으로는 역신을 손님신으로 부른다
는 데서 이미 그런 윤리가 발현되고 있고, 이
차적으로는 손님신의 형상화에서 이를 발견
할 수 있다.

손님신은 문신이든 호반이든 각시든 일

＊ 돌림병으로 죽거나
제사를 받지 못하는
귀신들을 위로하기
위해 따로 지내는 제
사. 한양과 각 고을
에 여제단이 따로 있
었다.

방적으로 천연두를 전염시키는 무서운 신이 아니다. 오히려 그 반대다. 천연두는 무서운 역병이지만 손님네는 오히려 치료의 신이다. "하루는 손님네가 회의를 하여 세계 각국을 살펴보니 우리 조선국은 좋은 주(사)약도 없고 처방도 없고 침술과 한약뿐이라 마마 천연두가 치료가 안 되니 손님신들 모셔놓고 ⋯ 가가호호 다니면서 액을 막으러 나오시려고 손님네가 의논"[25]한다는 데서 분명히 드러난다. 손님신은 처음부터 치료의 신으로 설정되어 있다. 그래서 호반손님은 집집마다 들어오는 살을 막아주고 각시손님은 천연두에 걸려도 얼굴이 얽지 않도록 하는 역할을 수행한다고 말한다. 불가피하게 찾아오는 천연두라는 손님을 치료의 신으로 환대함으로써 외래자(타자)를 비적대적 존재로 전환시키려는 생존 전략이 숨어 있다. 신화에서 흔히 발견되는 역설의 서사가 여기에서도 펼쳐지고 있는 것이다. 한국 무속신화가 이야기하는바, 아무도 가지 않으려는 저승에 맑고 깨끗한 대별왕이, 누구나 떠나고 싶어 하지 않는 이승에 더럽고 축축한 사기꾼 소별왕이 지배자로 있다는 역설의 서사[26] 말이다.

그러나 텍스트 안으로 더 들어가보면 손님네가 꼭 착한 얼굴을 가진 것만은 아니다. 곰보가 안 되게 막아준다는 각시손님은 압록강을 건너면서 모욕을 당한다. 손님네가 도강을 위해 배를 빌리려고 하자 뱃사공은 배가 없다면서 이렇게 말한다. "각시손님 하룻밤만 수청 들면 배를 모아드리겠습니다."[27] 욕을 당한 각시손님은 스스로 배를 모아 조선국으로 건너온 뒤 뱃사공은 목을 잘라 강물에 던져버리고 그의 일곱 아들 가운데 여섯을 천연두로 죽인다. 각시손님은 치료자일 뿐만 아니라 천연두로 아이들을 병사시키는 무서운 복수자이기도 한 것이다. 각시손님은 천연두와의 관계 속에서는 치료자의 형상을 지니지만 뱃사공과의 관계 속에서는 복수자의 형상을 드러낸다.

뱃사공의 반대편에 노고할미가 있다. 노고할미는 정한수를 떠놓고 손님네 전에 정성스레 빈다. 뱃사공과 달리 손님네를 손님으로 대한다. "어진 손님네요 개같은 사공 놈 소같은 사공 놈 소행으로 보면 자식 칠 형제 몽땅 잡아가야 되지요만 손님네 분이 풀어지지요만 이 늙은 할매를 봐서 씨 하나만 남겨주시오. 짠대밭에도 씨앗이 나고 백모래밭에도 씨앗이 있는데 사람의 씨가 없어서야 되겠습니까?"[28]라고 빈다. 병신이 되더라도 살려만 달라는 할미의 간절한 비원에 손님네는 일곱 가지 병신을 만들어 막내손자를 살려준다. 이 노고할미의 정체는 다름 아닌 뱃사공의 모친이다. 그러니까 손님네를 모욕한 쪽과 환대한 쪽이 한 가족이라는 뜻이다. 손님네를 박대해 멸문지화에 처한 뱃사공 집안은 노고할미의 환대로 인해 기사회생한다. 손님네 안에 선악이 공존하듯이 뱃사공 집안에도 타자와의 관계 속에 선악이 공존하는 구조가 주조되어 있다.

같은 구조가 다음 사건에서도 실현된다. 손님네는 또 다른 노고할미의 집을 방문한다.

"할미야, 노고할미야, 당신 집에서 하루 숙박하고 가자."
노고할미 거동 보소.
"어디로 가는 행객인데 이 험한 산 계곡 길에 황혼에 길을 잘못 들었습니다."

손님네 하신 말씀이

"하룻밤 쉬어가자."

노고할미 하는 말이

"손님네요, 손님네요. 잠깐만 기다려주시오."

노고할미 거동 보소. 수수비를 들고 방의 거적자리를 탁탁
털어 이 구석도 쓱쓱 쓸고 저 구석도 쓱쓱 쓸고 거적문도
들어 달고 손님네들 모셔 드려

"손님네요, 손님네요. 허다한 좋은 부잣집을 다 놓아두고 가
난하고 험한 내 집을 찾아오시니 고마운 마음 일희일비올
시다."[29]

가난한 노고할미는 마치 나그네를 환대하듯이 손님네를 환
대한다. 누추한 곳이지만 쓸고 닦아 하룻밤을 모시고, 다음 날 밥
상을 차리기 위해 나락을 빌리러 백만장자 집을 찾아간다. 여기
서 노고할미와 대립쌍을 이루는 김장자가 등장한다. 김장자는 나
락을 꾸어주지 않을 뿐만 아니라 노고할미를 꾸짖는다. 나아가 손
님네가 보답으로 외손녀의 액막이를 해주려고 하자 선한 노고할
미는 자신이 유모로 기른 김장자네 삼대독자의 액막이를 대신 해
달라고 청한다. 하지만 김장자는 노고할미의 요청을 무시할 뿐만
아니라 "에이 못된 개같은 년, 어디서 돌아다니는 돌손+을 집에
다 붙여놓고 온 마을 망치려고 못된 수작을 하고 다니냐"라면서
머슴을 불러 "고추를 대문 밖에 내어놓고 불
을 질러 돌아다니는 돌손님 잡신들을 모조리
쫓아버려라"[30]라고 명한다. 전형적인 놀부 형

+ 떠돌아다니며 빌어
먹는 나쁜 손님을 이
른다.

상이다. 손님네의 방문을 두고 악을 선으로 갚는 노고할미와 선을 악으로 갚는 김장자가 대립한다. 환대와 적대 혹은 박대薄待가 대립한다. 뱃사공-노고할미의 대립 구조가 김장자-노고할미의 대립구조로 변형되면서 손님네를 맞는 인간의 태도 문제를 강조한다.

정리하자면 이렇다. 손님신은 각시와 문무를 상징하는 두 남성신으로 구성되어 있다. 이는 여성신-남성신의 이원적 대립이면서, 동시에 여성신이 남성신들의 대립을 통합하는 구조이다. 역병인 천연두는 부정적이기만 한 외래자이지만 손님네는 긍부肯否·호오好惡의 이원성을 내포한 존재다. 신인神人 관계 속에서 손님신은 치료자로 미리 규정되어 있고 그렇게 의미화된 손님신은 무당을 호명하지만, 손님신의 의미가 실현되는 과정에서 의미를 결정하는 쪽은 손님네를 맞이하는 인간들이다. 환대와 적대(박대)에 따라 손님신의 성격과 의미는 재구성된다. 이것이 신화 서사의 구조적 관점에서 확인되는 손님굿의 운영 원리이다.

그렇다면 왜 손님신이 넷이 되기도 하는가? 이는 오류가 아니라 손님신의 의미론적 확장으로 봐야 한다. 손님굿을 수행하는 과정에서 동해안 굿이 이미 내면화하고 있었던 문제해결의 형식이 발현된 결과이다. 이때 주목해야 할 코드가 '절'이다. 김장자는 삼대독자 철룡이를 절(유점사)로 피신시킨다. 이는 전염병을 피해 산속 사찰로 피하는 문화의 반영이면서 잡신으로 부른 '돌손님'에 비해 강한 신들이 거하는 공간이라는 김장자 유형의 관념이 반영된 것이다. 그러나 절은 전혀 손님네를 방어하지 못한다. 각시손님이 어머니로 변신하여 철룡이를 부르자, 대답하지 말아야 하지만 철룡이는 "어머니, 어찌 이리 급하게 왔습니까."[31] 하고 문을 연다. 각시손님을 따라 내려가 집 마당에 내동댕이쳐진 철룡이는 온몸이 불덩이가 된다. 손님굿에서 절로 표상되는 불교는 전혀 힘을 쓰지 못한다. 동해안 손님굿 안에서 무불巫佛은 대립한다. 유능과 무능의 대립이다.

절은 의미론적으로 제4의 손님신인 '세존손님'에 접속하는 코드이다. 왜냐하면 손님신 삼위三位와 조선행에 동행하는 제4위의 이름이 '세존'이기 때문이다. 세존이 환기하는 것은 석가세존釋迦世尊이면서 동시에 동해안의 세존굿(시준굿)이다. 당금애기가 주인공인 〈제석본풀이〉를 구연하는 세존굿은 생산이나 재복을 관장하는 세존신을 모시는 굿이다. 세존은 불교의 신불이지만 완전히 무속화된 신이다. 세존은 신체神體로 세존단지(제석오가리·시준단지·시주단지·조상단지·부루단지)를 모시는 민속에서 알 수 있듯이 가신家神이고, 성주와 함께 집안을 다스리는 신인 가신들 가운데 가장 위계가 높은 신이라고 할 수 있다. 그래서 손님굿에서도 "세존손님은 재산과 명복을 불려주려고 나오시"[32]는 것이다.

그렇다면 집안의 풍요와 복을 담당하는 세존굿의 신이 왜 '세존손님'이 되어 외래자처럼 압록강을 건너왔는가? 이는 손님굿에 앞서 세존굿이 있었다는 뜻이며, 세존굿을 비롯한 동해안 굿의 의례적 형식과 신화적 서사의 문법 위에서 손님굿의 의례와 서사가 조직되었다는 뜻이다. 이 과정에서 세존신이 개입되지 않은 손님굿의 무가도 구연되지만 경우에 따라서는 세존신도 동참한 무가가 구연되기도 하는 것이다. 후자의 경우 세존신은 본래 천연두가 찾아왔거나 천연두 액막이굿을 하는 집안 최고의 가신이지만, 이 세존신을 미리 보내 손님네의 구성원으로 만듦으로써 집안 아이들을 손님신으로부터 보호하도록 선제적 조치를 한 것으로 이해된다. 세존을 세존손님으로 호명하여 손님신들의 일원으로 배치한 것은 손님굿의 숨은 전략일 수 있다.

이 전략을 증명하는 장면이 무가의 후반에 등장한다. "개같은 김장자"의 집을 쑥대밭으로 만든 손님네가 다시 노고할미 집을 방문하여 외손녀의 액막이를 해주려고 한다. 그러나 노고할미는 가난한 집에 아무것도 없어 굿상을 차릴 수가 없다고 난감해한다. 이때 나서는 이가 바로 세존손님이다. "세존님이 의논하더니만 금 바둑알 다섯 개를 주면서 '장에 가서 팔다가 음식을 장만하시오'"라고 노고할미에게 말한다. 노고할미가 금 바둑알을 팔아 대단한 굿상을 차려 "여러 고을 무당·양중*·화랑**을 불러" 굿을 하여 "손님 대우를 거룩하게 드렸"음은 말할 것도 없다.[33] 세존손님은 노고할미 집안의 가신이면서 손님네의 일원이 된 네 번째 손님신이라고 할 수 있다. 이로써 김석출본에 특이하게 등장하는 네 명의 손님신 구성이 착오이거나 임의적으로 형성된 것이 아니라는 점을 알 수 있다.

이를 구조적으로 보면 4위의 손님신 구조는 3위의 손님신 구조가 변형된 것이라고 할 수 있다. 제4위인 세존손님은 가신이면서 집의 외부에서 들어온 외래자 손님신이기도 하다. 양쪽 모두에 속하는, 양자의 매개적 위치에 놓인다. 다른 말로 하면 안에 있으면서도 밖에 있는 신이다. 각시손님·문신손님·호

* 굿을 뒷바라지하는 무당 집안의 남성.
** 무당의 남편으로 옷을 잘 꾸며 입고 가무와 행락을 주로 하던 무리로 화랭이(화랑이)라고도 하는데 신라 화랑에서 비롯되었다는 견해가 있다.

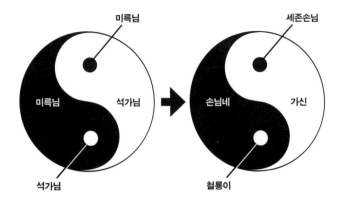

음양론의 관점에서 해석한 창세신화와 손님굿 신화의 변형 관계도

반손님으로 구성된 3위의 손님네의 구도에서는 각시손님이 문신 손님과 호반손님을 중개하는, 혹은 양자를 통합하는 매개적 위치에 있는 신이다. 그런데 이 구조에 세존손님이 개입하자 세존손님을 매개로 하여 압록강을 건너온 3위의 신과 노고할미로 대표되는 조선국 집집의 가신들이 대립하는 구조가 재구축된다. 그래서 재구축된 후자가 전자의 변형에 해당한다고 보는 것이다.

　　이를 음양론陰陽論의 구조라고 한다면 세존손님은 손님네 안에 있는 바깥, 가신들 안에 있는 바깥에 해당한다. 음양론에서 음은 양의 안에 있는 바깥이고, 양은 음의 안에 있는 바깥이기 때문이다. 한국 창세신화에 등장하는 창세신 미륵님과 석가님의 관계가 이 구조를 잘 보여준다. 둘은 쌍둥이지만 석가님은 미륵님이 천지와 인간을 창조할 때는 뒷전에 있다가 갑자기 인간 세상을 차지하겠다고 나선다. 이 과정에서 둘의 경쟁이 벌어지고, 저 유명한 꽃피우기 내기에서 사기를 친 석가님이 세상을 차지하고 미륵님은 저승으로 밀려난다. 이 경쟁의 결과 '좋은 저승의 미륵님'과 '나쁜 이승의 석가님'이라는 이원적 세계의 구획이 이뤄진다. 양자의 관계를 겉에서 보면 저승과 이승, 좋은 것과 나쁜 것의 대립이지만, 좋은 저승이 죽음의 세계이고 나쁜 이승이 삶의 세계라는 점에서 대립은 대립만이 아니다. 다시 말하자면 세계를 창조하는 미륵님 안에 이미 세계를 파괴하는 석가님이 숨어 있었으므로 이를 안(미륵님)에 있는 바깥(석가님)이라 부를 수 있으며, 동시에 악한 석가님이 주관하는 이승에 착한 미륵님이 숨어 있어 세상을 구원할 것이므로 이를 안(석가님)에 있는 바깥(미륵님)이라 부를 수 있다는 것이다. 그래서 미륵님과 석가님은 대립하면서도 서로를 보완해주는 쌍둥이 신이다.

앞에서 세존손님이 손님신 안으로 들어가면서 가신과 손님신의 대립을 매개하는 위치, 달리 말하면 둘의 대립을 보완하는 자리를 차지한다고 했다. 요컨대 이 세존손님의 위치가 바로 미륵님 안의 석가님, 석가님 안의 미륵님의 위치와 동일하다는 뜻이다. 이처럼 이미 창세신화에 존재하던 신화적 사유가 세존굿의 신화로 발현되었고, 천연두가 들어오자 세존굿 신화를 바탕으로 손님굿 신화를 새롭게 창안했던 것이다.

손님굿 신화의 구조와 신탁의 관계

손님굿 신화의 구조는 손님굿의 창안 이전에 이미 있던 굿과 신화의 세계관을 반영한 구조, 곧 음양론적 구조의 재현이다.

이제 음과 양의 대립과 통합이 변형을 동반하면서 반복적으로 실현되는 구조를 '불안과 신탁의 관계'라는 시각에서 다시 생각해 볼 필요가 있겠다. 구조란 결국 개인과 집단의 내적 불안을 외부의 신탁을 통해 해결하려고 하는 과정에서 구축된 것이기 때문이다. 신탁을 통해 구조를 되돌아보는 작업은 구조를 심문하는 과정이 될 수 있고, 이 심문의 과정은 거꾸로 신탁을 재음미하는 과정이 될 수 있을 것이다.

손님굿 신화에서 신탁은 두 가지 차원에서 주어진다. 하나는 신화 전체의 '메시지 차원'이다. "손님을 잘 모시면 복을 받고 그렇지 않으면 화를 당하리라!"라는 조건형 신탁이다. 더 구체화하면 정성껏 성대하게 제물을 차리고 무당과 양중을 불러 손님굿을 치르면 역신의 액을 막고 재복을 받겠지만, 정성이 부족하거나 액막이를 무시하면 천연두에 걸릴 뿐만 아니라 살아남지 못하리라는 신탁이다. 굿의 전형적 메시지이다. 이런 메시지는 무당의 입을 통해, 혹은 손님네의 전언을 통해 명시적으로 표현되고 있지는 않지만, 손님굿과 그 신화 전체를 감싸고 있는 공기와 같다. 굿판이라는 '공명의 장'[34] 내부에 있는 한 이 '신탁의 공기'로부터 자유로울 개인은 없다.

다른 하나는 신화 내부에서 구현되는 '사건의 차원'이다. 김장자가 손님네를 무시하고 삼대독자를 절로 피신까지 시키자 손님네는 분노한다. "조선국 방방곡곡에 다니면서 마마굿을 하여 천연두를 정구치면[35] 몸에 잡병도 없어지고 못난 얼굴 잘나고 없는 재산 불려주는 우리를 몰라주니 이놈의 집 삼대독자 철룡이를 본 때를 보여주마."[36] 이 손님네의 신탁(공수)이 무당을 경유하여 선포된다. 앞서 지적한 메시지 차원의 신탁이 사건의 차원에서 구체적으로 실현되고 있는 장면이다.

신탁 선포는 반복된다. 김장자와 철룡이를 처리하고 서울 장안 가가호호에, 노고할미 외손녀에게까지 '정구를 친' 손님네는 송도(현 개성)로 간다. 압록강을 건너 서울을 휩쓸고 되돌아가는 여정으로 보이는데 송도에서 새로운 사건이 발생한다. 손님네가 송도 '영웅선생'의 일곱 아들에게 찾아가려고 한다. 한데 영웅선생은 보통 사람이 아니다. '귀신과 말이 통하는' 인물이다. 무巫에 가까운, 무를 대리하는 존재로 보인다. 이 때문에 손님네가 현몽◆한다. 꿈을 통한 신탁의 고지이다. "영웅 선생이 비몽사몽간에 잠을 깨고 나니 강남대한국의 명신손님◆◆ 각신各神네가 오늘 우리 집에 아들 칠 형제 정구치러 오신다고 현몽을 하니 집안을 정결케 하고 영웅 선생 영감 할머니 손님네 오시는데 십 리 마중을 나가니"[37]라고 구술하는 데서 신탁의 내용을 감지할 수 있다. "오늘 너의 일곱 아들 정구치러 갈 것이니 준비하라"라는 신탁이다. 신탁을 해독한 영웅선생 내외는 마중을 나가 사랑방에 영접한 뒤 정성껏 손님굿을 한다. 신탁의 감지와 수용, 그리고 의례를 통해 전염병의 불안을 해결한다.

그런데 신탁이 실현되는 과정에서 벼리◆◆ 역할을 하는 요인이 있다. 주체의 문제이다. "손님을 잘 모시면 복을 받고 무시하면 화를 당하리라"라는 신탁이 의례의 형식, 그리고 사제의 입을 통해 선포되지만 그 의미는 신탁만으로 결정되는 것이 아니다. 손님신

◆ 죽은 사람이나 신령이 꿈에 나타나는 것.

◆◆ 강남천자국의 53위 손님신을 통칭하는 말.

◆◆ 그물의 위쪽 코를 꿰어놓은 줄로 그물 전체를 잡아당기는 가장 중요한 부분.

은 양가적이다. 천연두를 전염시키기도 하고 치료하기도 한다. 목숨을 앗아가기도 하고 명복命福과 재복財福을 주기도 한다. 천연두 바이러스에는 복이 없으므로 일원적이지만 손님신은 이원적 구조를 지닌다. 한데 이 구조는 하나의 가능성으로 존재한다. 이 가능성을 실현시키는 주체는 굿의 기주祈主이고, 신화 안에서 기주에 대응하는 인물인 노고할미나 영웅선생, 또는 김장자이다. 이들의 태도와 선택에 의해 신탁은 실현된다. 그러나 이들이 신탁을 수용하든 거부하든 신탁의 언어 내부에 있다는 점에서, 모두 신탁 콤플렉스에 묶여 있는 셈이다.

한데 한 가지 더 주목해야 할 국면이 있다. 바로 신탁 콤플렉스에 대응하는 전략적 국면이다. 앞에서 제4위인 세존손님은 강남대한국 출신의 외래자가 아니라 조선국 출신의 가신이라고 했다. 이렇게 구조화하면 세존손님은 '안에 있는 바깥'[38]이 된다. 텍스트 내부에서 노고할미와 영웅선생이 손님네를 환대하면서 손님네의 위험을 미리 제거하듯이, 내재하는 최고의 가택신을 미리 손님네로 파견하여 손님네의 위험으로부터 세존신을 모시는 집안을 보호하는 것이다. 이는 신탁으로부터 도망치지 않으면서도 전염이라는 역신의 행위를 무력화하는 전략, 신탁의 절대성을 무력화하는 서사 전략이다. 이를 신탁을 상대화함으로써 신탁 콤플렉스로부터 거리를 두는 탈신탁 콤플렉스 전략이라 불러도 좋을 것이다.

〈막동이말놀이〉의 탈신탁 콤플렉스

세존손님의 존재성에서 가늠할 수 있는 반/탈신탁의 전략은 손님굿의 뒤풀이에서 연극 양식으로 다시 구현된다. 손님굿의 '뒤풀이'로 베풀어지는 〈막동이말놀이〉가 바로 그것이다.

김태곤의 보고에 따르면 동해안 별상굿(손님굿)은 〈부정굿〉·〈골매기굿〉·〈처낭굿〉·〈조상굿〉·〈세존굿〉·〈손님굿〉·〈거리굿〉·〈막동이〉의 차례로 펼쳐진다.[39] 〈막동이〉 거리✦가 바로 〈막동이말놀이〉다. 〈막동이말놀이〉는 "손님네를 모시려면 말이 있어야 한다고 마을 사람 하나를 말로 만들고, 무부 하나가 막동이가 되어 손님네를 배송하는" 놀이로, "막동이가 말을 옆구리에 끼고 아이들 말놀이처럼 하는데 말이 발길질을 하니 불알을 긁어주라고 하여 관중을 웃긴다. 무녀는 이어 말치레타령을 하고 어촌계장과 본부석 재무 담당에게서 말치레✦✦의 쇳값이라고 하여 돈을 받아"[40] 내는 형식으로 진행된다. 〈막동이말놀이〉는 천연두 신들을 짚으로 만든 말에 태워 돌려보내는 송신送神 의례이다. 그래서 이 의례의 끝에는 서쪽으로 두 갈래로 벌어져 있는 외딴나무에 말의 머리가 하늘을 향하도록 매단다. 하늘로 올라가 다시는 마을에 들어오지 말라는 기원을 담은 상징적 행위이다.

그런데 이 놀이는 본래 손님을 배송拜送하는 주술성이 강한 굿놀이였다. 더 이상 천연두가 문제가 되지 않는 작금에는 관중들을 즐겁게 하여 별비別費✦✦✦를 걷기 위한 유희적

✦ 굿이나 탈춤, 꼭두각시놀음 등에서 시작과 끝이 있는 한편의 연행을 뜻하는 것으로 연극의 장場과 같은 개념.

✦✦ 말에 안장을 비롯한 여러 가지 장식을 달아 꾸미는 것.

✦✦✦ 굿 비용과 무관하게 따로 쓰라고 주거나 걷는 비용.

청중을 말로 삼아 노는
〈막둥이말놀이〉의 한 장면

놀이로 변형되어 있다. 그러나 천연두가 위력을 발휘하던 시기에
는 주술성이 더 강한 상징적 놀이였다. 김구한은 이런 시간적 변
화를 '주술성과 제의성이 강조되던 형성기', '천연두가 사라진 뒤
놀이성을 통해 굿거리의 존재성을 확보하던 성장기', '제의성과
더불어 오락성도 약화되어 절차적 형식만 남은 흔적기'로 나눠
살핀 바 있다.[41] 이런 시각에서 보면 1977년 김석출에게서 채록한
이두현의 자료 〈막둥이말놀이〉에 보이는 이중성이 잘 이해가 된
다. 곧 무부巫夫가 막둥이가 되어 '마을 사람
이 역할을 맡은 말'을 옆구리에 끼고 놀다가,
마지막에는 무부-막둥이가 '짚으로 만든 말'
을 나무에 매고, 손대✦로 병자의 온몸을 문질

✦ 굿하거나 경문을 읽
을 때 무당이 신을
내리게 하는 데 쓰는
소나무나 대나무 가
지로 신대, 내림대라
고도 한다.

러 병을 치유하는 행위는 형성기와 성장기의 공존 상황을 보여준
다는 해석이 가능하다는 것이다.

주술성이 강한 치병굿의 경우든 별신굿에 포함되어 유희성
이 강한 굿놀이로 전이된 경우든 이 굿거리를 주도하는 존재는
'막동이'이다. 그래서 이 굿거리의 이름이 〈막동이〉나 〈막동이말
놀이〉로 불리는 것이다. 〈손님네말치레놀이〉로 불리는 경우도 말
치레놀이를 진행하는 주체는 막동이이다. 그렇다면 당연히 따라
오는 물음이 있다. 막동이가 누구인가? 왜 막동이가 이 굿놀이를
주도하는가?

이른 시기에 보고된 심우성본은 1969년에 김석출과 김유선
이 구송한 자료인데 손님네(세존손님·각시손님·호반손님·문수손님)
가 대원국에서 조선국으로 나올 때 '인막동이'와 '천막동이'가 마
부와 말로 동행한다.[42] 막동이가 둘이고 이들이 〈손님굿〉 뒤에 이
어지는 〈말놀이〉의 주역이 된다. 인막동이가 천막동이를 몰고 다
니며 머리에서 성기까지 말의 신체 치레를 하면서 '쇳값' 명목으
로 돈을 받아내는 간단한 놀이를 벌인다. 그런데 1977년 이두현이
채록한 자료를 보면 같은 제보자가 구술했는데도 상당한 차이가
보인다.

철룡이가 마지막으로 하는 말이 "아버지요, 아버지요. 이 재
산 가지고 천년만년 잘사시오. 나는 이제 죽어 손님네 말고
삐 들고 따라갑니다. 내 하나 없어지면 이 재산을 아버지
가 가지고 살 줄 알았소. 부디부디 잘사시오." 그 말이 끝나
자 철룡이 숨이 딸깍 끊어진다. … 이때에 김철룡이는 말고

삐를 잡고 손님네 뒤를 따라다니면서 울며불며 하는 말이 "개같은 우리 아버지, 미련한 우리 아버지. 지금쯤 그 살림 재산 다 못 가져 거지 생활하고 있을 텐데" 하면서 울고 다니는구나.[43]

심우성본에서는 철원이가 죽고 말지만 이두현본에서는 죽은 철룡이가 손님네가 탄 말고삐를 잡고 따라다니는 마부로 변신한다. 손님네를 모시고 조선국으로 나온 인막동이·천막동이가 철원이로 대체되는 것으로 보인다. 그러나 이두현본에는 그런 정황이 분명하게 표현되어 있지 않다. 손님굿에 이어 말놀이가 펼쳐지지만 손님네가 압록강을 건널 때 막동이가 동행했다는 언급이 없는 대신 죽은 철용이가 마부가 되었다고 하는데, 말놀이의 막동이가 철룡이와 동일 인물인지 명시하고 있지 않기 때문이다. 하지만 1987년 김석출계 무당인 김동언이 구술한 자료인 박경신본에는 그 점이 명시되어 있다.

무녀: 방성통곡放聲痛哭 울음을 울어도 / 철현이는 이승 사람이 아니었고 / 저승 사람이 불명[分明]하구나 / 철현이는 손님네 따라갈 때 / 손님네 거동 보소 / 철현아 철현아 / 너는 어느 가문家門에 태어날라나
잽이: 아-디야
무녀: 손님네요 열 살 안에는 / 좋은 가문家門에라도 / 다시 인도환생人道還生 하지만 / 나이 열다섯 살 먹은 놈이 / 이렇게 험한 꼴로 누집에 태어날까요 / 그러며는 우리 막동이나

손님굿에서 손님신을 말에 태워 보내는 장면

되어서 손님네

○ 말로
무녀: 막동이 되어서 손님네나 따라당기며 / 방방곳곳이 면
면촌촌面面村村이 / 손님네나 따라다닐라요.[44]

철현이는 천연두로 인해 험한 꼴로 죽었기 때문에 좋은 가
문에 환생하지도 못하고 막동이가 되어 손님네를 따라다닌다고
무녀는 구연한다. 손님굿의 철현이가 바로 굿놀이의 막동이인 것
이다. 그래서 근래 윤준섭도 "《막동이》의 주체가 누구인가? 바로
천연두로 죽은 철원이다. 철원이 역시 제 명을 살지 못한 억울한
존재이다. 그런 철원이를 먹이기 위해 별상굿에는 뒷전인《거리

굿》에 또 다른 뒷전으로 《막동이》가 자리한 것"[45]으로 본 것이다.
별상굿에 〈거리굿〉이라는 뒷전이 있는데도 〈막동이〉라는 또 다른
뒷전이 덧붙은 것은, 손님굿 무가 내에서 죽은 철원이가, 철원이로
표상되는 천연두로 죽은 아이들을 배불리 먹이기 위해서라는 것
이다. 〈손님굿〉에 이어 노는 〈막동이말놀이〉의 주동 인물인 막동
이는 〈손님굿〉의 무가 안에 등장하는 김장자의 삼대독자 철룡이다.

그런데 왜 이름이 '철원'인가? 김장자의 삼대독자이니 김철
원일 텐데 구연본에 따라 철은·철웅·철룡·철현 등으로 조금씩
바뀐다. 바뀌어도 비슷한 소릿값을 가지고 있으니 여기에는 이유
가 있을 것이다. 나는 철원이의 어원에 대해 신라 '처용處容'과의
연관성을 고려할 수 있다고 생각한다. 철원 등의 이름과 처용은
소릿값이 유사하다. 더구나 동해 용왕의 아들로 신라 경주에 들어
와 〈처용가〉를 불러 역신을 물리쳤다는 처용의 형상은 천연두를
매개로 이승과 저승의 중개자 역할을 수행하는 철원이의 형상과
흑사하다. 그 외에도 동해안 지역 〈손님굿〉에만 철원이라는 인물
이 등장한다는 사실도 추론의 유력한 좌증일 수 있다.

그렇다면 왜 철룡이-막동이가 굿놀이를 주도하는가? 구조
적으로 보면 철룡이는 양가적 존재이다. 이승에 속한 김장자의
삼대독자였으나 저승에 속한 손님네를 모시는 마부가 되어 저승
과 이승을 오가게 되었으니, 두 세계에 다리를 걸친 매개적 존재
다. 불교적으로 말하면 환생하지 못해 중음中
陰*을 떠도는 귀신이 된 셈이다. 그것도 손님
네를 박대하여 자신을 죽음에 이르게 한 재
산 많은 아버지에 대한 원한이 깊은 귀신이

✦ 죽은 뒤 혼령이 다음
생生을 받을 때까지
의 49일 동안의 상태
를 말하는데, 환생하
지 못할 경우 이 상
태가 지속된다.

다. 그럼에도 불구하고 철룡이를 손님네의 마부로 파견하고, 그에게 굿놀이의 막동이가 되어 "막동이, 니가 함포고복[*]되도록 니를 줄나코 차려놓은 음식 많이 묵고 가거라"라는 상무당의 말에 따라 배불리 잘 먹고 말을 끌고 손님네를 모시고 떠나는 역할을 부여한 것이다. 이는 철룡이-막동이에게 문제해결의 열쇠를 쥐여준 것이나 마찬가지다.

이런 문제해결자로서의 막동이에 〈손님굿〉의 세존손님의 형상이 겹쳐진다. 앞서 손님네의 일원으로 가신인 세존을 파견한 것을 두고 역신의 행위를 무력화하는 전략이라고 했는데 같은 전략이 철룡이 마부 만들기, 또는 철룡이 막동이 만들기에도 작동하고 있다. 천연두로 죽은 철룡이를 천연두 신을 모시는 마부로 배치함으로써 천연두를 통제하고 무력화하려는 시도이다. 굿놀이에서는 막동이-철룡이를 배불리 먹게 함으로써 놀이로서는 무당들이 별비를 획득하지만, 실제로 천연두가 횡행하는 시기에는 굿놀이에 참여한 이들의 자식 잃은 슬픔을 위로하고 치료하는 심리적 효과를 획득하게 되는 것이다. 손님신의 신탁을 피할 수는 없지만 신탁으로부터 안전을 확보하려는 집단무의식이 막동이라는 중개자mediator를 창안케 하고, 나아가 세존손님이라는 또 다른 중개자를 설정하게 했다고 봐도 좋을 것이다.

사실 이런 전략이 〈손님굿〉과 〈막동이말놀이〉만의 특수성은 아니다. 예컨대 황해도굿에서 연출되는 굿놀이 〈사냥굿〉도 다르지 않다. 사냥굿은 굿을 베푸는 집에 모여든 신령들이 산삼과 녹용을 구하러 산으로 사냥을 나서는 연행을 펼치는 굿이다. 그러나 실제로는 사슴 대신

[*] 잔뜩 먹고 배를 두드린다는 뜻.

황해도 사냥굿놀이(서해안 배연신굿)의 상산막둥이와 어미가 서로를 찾는 장면

돼지를 사냥하는 놀이로 구현되기 때문에 '돼지 어르는 굿'이라고
도 한다. 이 굿놀이는 본래 수렵문화를 바탕으로 형성된 것으로,
최초에는 사슴 사냥이었으나 문화적 토양이 달라지면서 사슴이
돼지로 치환된 것으로 보인다. 그런데 이 굿놀이에 '상산막둥이'
로 불리는, 또 하나의 막둥(동)이가 등장한다. 그렇다면 상산막둥
이는 누구인가?

　　〈사냥굿〉은 형식적으로는 만신이 굿을 베푼 집안의 대수대
명代數代命◆을 축원하면서 "젊은 사람은 건강하고 노인은 갱소년◆◆
하라고 산삼도 캐고 녹용 사냥을"[46] 하기 위해
몰이꾼을 찾는 데서 시작된다. 그런데 정작 만
신이 찾는 인물은 과거에 잃어버린 막내아들-
막둥이다. 막둥이는 어릴 적 종기가 난 불알을

◆ 나의 재액을 남에게
옮기거나 남의 재액
을 나에게 옮기는 일.
◆◆ 늙은이의 몸과 마음
이 다시 젊어지는 것.

돌팔이 침쟁이가 아주까리 침통으로 고치겠다고 달려들자 놀라서 도망친 아이로 설정되어 있다. 요컨대 만신과 막둥이는 모자 관계이고, 막둥이는 집을 나갔다가 돌아온 아들, 곧 안과 밖의 경계에 있는 인물이다. 만신은 막둥이를 배불리 먹이고, 짚신값도 주면서 달래다가 마침내 결혼까지 시켜주겠다는 말로 사냥에 유인한다. 만신과 막둥이는 드디어 사냥에 나서 사슴(실제로는 돼지)을 화살로 쏘아 잡는 시늉을 한다. 그 뒤 청중 가운데서 데리고 나온 색시와 막둥이의 결혼식이 펼쳐지고, 돼지의 '숙정'✦으로 마무리된다. 이렇듯 〈사냥굿〉은 시종 웃음이 그치지 않는 희극이다.

그런데 이 희극을 상징의 언어로 읽으면 감춰져 있는 국면이 드러난다. 만신이 사냥을 나간다고 하지만 만신은 혼자가 아니다. 만신의 몸에는 대감신 등 대주大主✦✦ 집안의 가신家神들이 실려 있다. 따라서 가신들이 대주를 위해 사냥을 떠나는 것이다. 사냥에서 산삼과 사슴(녹용)을 찾는데 이것들은 기실 산에 속한 것, 다시 말하면 산신의 영역에 속한 사물이다. 가신들이 산신의 소유인 신물神物을 얻으려면 산신의 허락을 받아야 한다. 이때 중개자로 호명된 존재가 막둥이다. 막둥이가 상산上山막둥이로 불리는 것은 그가 산신들의 막내이기도 하기 때문이다. 산신의 막내를 가신들이 집 나간 막내아들이라고 찾으면서 산신들과의 화해, 혹은 합일을 시도하는 것이다. 사냥굿의 전개 과정에서 연출되는 게으름 피우는 막둥이, 곧 임무를 회피하려는 막둥이를 만신이 식색食色으로 어르는 과정은 가신과 산신의 의례적 실랑이다. 이 실랑이는 겉으로는 굿판의 청중들에게 극적 즐거움을

✦ 짐승의 머리나 다리 등을 여러 부위로 잘라내는 행위.
✦✦ 굿을 의뢰한 집의 남자 주인.

황해도 사냥굿놀이의
사냥 장면(김금화의 만구대탁굿 중)

선사하지만, 속으로는 가신과 산신을 내세운 인간과 자연 사이에
서 벌어지는 증여贈與의 놀이를 보여준다.

〈사냥굿〉의 상산막둥이의 위치와 〈손님굿〉에 동반되는 〈막
둥이말놀이〉의 막둥이의 위치는 같다. 상산막둥이가 집이 없고
몸도 불구인 결핍의 존재이듯이 철원이-막동이도 꼴사나운 몸으
로 죽어 집을 떠난 존재이다. 그러나 상산막둥이가 사냥에 없어서
는 안 될 존재이듯이 손님네의 마부인 철원이-막둥이도 불가결한
존재다. 상산막둥이가 집과 산, 가신과 산신의 중개자이듯이 철원
이-막둥이는 저승과 이승, 강남대한국과 조선국, 손님네와 기주祈
主의 중개자이다. 황해도 사냥굿의 만신이 산신인 상산막둥이를

집 나간 아들이라고 설정함으로써 산신들의 협조를 얻어내듯이, 손님굿의 무당은 철원이-막둥이를 손님네의 마부로 설정함으로써 손님네의 유월逾越✦을 얻어내려고 하는 것이다.

이것이 바로 무교 혹은 무속신화가 지닌, 신탁을 부정하지 않으면서도 신탁을 조절하려는 탈신탁의 서사 전략이다. 이를 안티오라클 콤플렉스의 또 다른 신화적 재현으로 불러도 좋지 않을까?

✦ '넘어간다'는 뜻인데 히브리인들이 이집트 탈출을 기념하는 유월절, 곧 야훼의 사자가 양의 피를 칠한 히브리인들의 집을 넘어 이집트인 집안의 사람과 짐승의 맏이를 살해했던 신화적 사건을 환기하기 위해 사용한 표현이다.

6장 신탁 콤플렉스와
전설의 희비극

아기장수 전설과 신탁으로부터의 도피

신탁이 신의 명령이라는 직접 발화의 형식으로 오는 것만은 아니다. 델포이의 무녀는 중개자라는 권위를 통해 신탁을 말한다. 우리 주변에서 여전히 활동하고 있는 무당과 심방들은 굿과 신점神占을 통해 공수를 전한다. 공수가 중개자를 통해 발화되는 신의 목소리라고 인정하는 한 공수는 직접적인 신의 목소리가 된다. 그러나 간접적 목소리의 형식을 취하는 경우도 적지 않다.

'아기장수'라는 꽤 유명한 전설 유형이 있다. 가난한 집안에 아들이 태어났는데 아주 비범했다. 삼칠일도 지나지 않은 아기가 천장에 날아가 붙어 있다. 겨드랑이에는 날개가 달려 있다. 아기를 그냥 두었다가는 집안에 큰 해가 닥치리라는 두려움을 견디지 못한 부모가 아기를 죽이려고 한다. 그런데 기름틀에 넣고 돌로 눌렀는데도 아기는 멀쩡했다. 할 수 없이 무거운 나락을 한 섬씩 얹어 석 섬이 되고서야 깔려 죽는다. 아기가 죽자 어디선가 용마龍馬가 날아와 공중을 돌더니 사라진다. 전승 지역에 따라 연못이나 샘물에 빠져 죽는 용마도 있다. 용마는 아기가 장수가 된 뒤에 함께 세상을 뒤엎을 탈것vehicle이자 동지同志이다. 여기서 용마는 살해된 아기의 영웅성을 상징한다. 아기장수는 다양한 이야기 형태로 변주되면서 우리나라 전역에 전승되고 있는 전설이다.

이 전설에 대한 그간의 해석은 크게 두 갈래로 나뉜다. 첫째는 영아살해 혹은 희생양 만들기라는 신화학적 해석이다. "수많은 고고학 이론이나 그 자료에 의하면 인류 역사 초기에는 인간 희생양이 존재했다. 시간이 흐르면서 인간 희생양이 동물로 대체"[1]된다. 부모를 대표로 하는 내부자에 의한 아기장수 살해는 공동체의 안녕을 위한 희생양 프로그램의 설화적 반영이라는 시각이다. 둘째는 실패한 민중영웅이라는 현실주의적 해석이다. 상층영웅의 경우와는 다르게 민중영웅의 이야기가 비참한 결말로 끝나는 것은 "민중의 항거가 계속 비참하게 패배해온 역사적 경험의 진실된 반영"[2]이라는 시각이다. 살해되지 않고 '사라진 아기장수' 유형의 경우 민란과 같은 결정적 시기에는 진인출현설✦과 결합하여 재현된다는 신동흔의 해석[3]도 같은 맥락이다.

그런데 왜 아기(장수)를 살해하거나 희생양으로 삼았는지에 대해서는, 다시 말해 희생양 혹은 실패한 민중영웅이 만들어지는 원인原因에 대해서는 심중하게 묻지 않았다. '아기장수는 위험해!'라는 공포의 감각을 부모는 왜 느꼈는가? 일을 하고 돌아온 부인이 아기가 천장에 붙어 있었다는 사실을 남편에게 고지하자 남편은 바로 "관가에서 알면 큰 화를 당할 것"이라

✦ 뛰어난 능력을 지닌 진인眞人이 나타나 어지러운 세상을 뒤엎고 새로운 세상을 세울 것이라는 예언이나 풍문.

고 반응한다. 부부에게 아기의 특출함은 즉각 위험으로 감지된다. 이들의 신체감각 안에는 이미 "아기장수는 역적이 되리라", 나아가 "아기장수는 집안을 망하게 하리라"라는 예언이 등록되어 있다. 신체에 등록된 이 예언은, 무당이라는 중개자에 의해 명시적으로 고지되지 않더라도 신탁으로서의 기능을 수행한다. 신탁의 실현을 회피하려고 하는 부모의 다음 행동이 그 증거이다.

성공한 아기장수 주몽의 신화를 서사시로 다시 쓴 이규보의 『동명왕편』을 번역하고 해설한 나의 책

아기장수 부모의 살해 행위를 건국신화의 기아棄兒 행위와 견주어보면 문제가 더 선명해진다. 주몽은 알로 태어났다는 이유로 길거리에 버려진다. 난생卵生은 비범함의 상징이었지만 이를 오해한 동부여 금와왕에 의한 기아는 알 속 주몽의 처지에서 보자면 영아살해와 다르지 않았다. 그러나 아기장수와 달리 주몽은 기아를 돌파한다. 마구간에 버려진 알은 말이 밟지 않았고, 알이 산에 버려지자 짐승들이 몰려와 보호했다.

알에서 나온 뒤 이어지는 주몽의 형상을 보면 문제가 더 분명해진다. 「동명왕편」이 인용하고 있는 『삼국사』에 흥미로운 대목이 있다. 주몽은 알에서 나온 지 한 달이 지나자 말을 한다. 파리들이 눈을 빨아 잠을 잘 수 없다면서 활과 화살을 만들어달라고 요청한다. 아기 주몽은 물레 위에 붙은 파리를 쏘는 족족 명중

시킨다.[4] 주몽의 이런 비범성은 아기장수의 경우와 그리 다르지 않다. 주몽 또한 아기장수였다. 따라서 충분히 '역적이 될 가능성이 있는 인물'이다. 그래서 대소를 필두로 한 배다른 형제들이 그를 죽이려고 한다. 그러나 주몽은 이를 극복하고 동부여를 떠나 마침내 고구려를 건국한다. 주몽은 아기장수였지만 국가의 설립자가 되었기 때문에 영아살해로 삶이 마무리되지 않았다.

주몽신화에도 신탁은 있다. 주몽신화의 신탁은 신들의 행위로 표현된다. 해모수는 다섯 마리의 용이 끄는 수레를 타고, 흰 고니를 탄 백여 명의 종자들을 거느리고 웅심산熊心山✦에 하강한다. 태양신의 현현으로 보이는 해모수의 강림 장면이다. 압록강 웅심연에 물놀이 갔다가 해모수를 만난 유화는 압록강의 신 하백河伯의 딸이다. 환상적인 장면으로 형상화된 천신 해모수의 강림과 수신 유화와의 만남은 그 자체로 신탁이다. 둘의 만남으로 "새로운 나라를 세울 영웅이 태어나리라!"라는 예언형 신탁이다. 김수로왕 신화의 경우에는 "황천이 나에게 명하여 이곳을 다스려 나라를 새롭게 하고 임금이 되라고 하셨기에 내려온 것이다. 너희들은 봉우리 꼭대기의 흙 한 줌씩을 쥐고 '거북아 거북아 머리를 내밀어라. 만약 내어놓지 않으면 불에 구워 먹으리라!' 노래하면서 춤을 추어라. 그리하면 대왕을 맞이하여 기뻐 뛰어놀게 될 것이다"[5]라는 하늘의 신탁이 명령형으로 직접 발화된다. 신탁이 음성의 형식으로 발화되든 인물의 행위를 통해 형상화되든, 건국신화의 신탁은 콤플렉스로 작동하지 않는다. 예언형 신탁은 예언의 실현으로 달려간다. 명령형 신탁은 명령을 수행하기만

✦ 백두산의 옛 이름인 '곰산'의 한자어로 웅신산熊神山으로도 표기되는 압록강 가에 있는 산.

하면 바로 신탁이 실현된다. 건국신화의 신탁에는 아무런 걸림돌이 없다.

그러나 아기장수 전설의 신탁은 전혀 다르다. 가난하고 미천한 부모에게 날개 달린 아기의 형상은 하늘의 신탁으로 감지된다. 이 감각은 아기장수 부모의 개별적 문제가 아니다. 부모를 포함한 피지배층의 반복적 패배에서 비롯된 집단무의식의 신체적 발현이다. 이 반복적 패배는, 신화의 언어로는 "왕의 별이 하늘에 떴으니 두 살 이하의 아기를 모조리 죽이라는 왕의 명령"6의 형식으로 간접적으로 표현되기도 한다. 이 신체에 등록된 공포가 맹목적 도피를 부른다. 아기장수 전설의 '정체확인 → 아기살해'라는 정형화된 이야기 진행 형식은 눈먼 도주의 다른 얼굴이다.

김영희는 이 자식 살해를 부친 살해의 역방향의 서사라는 시각에서 다루면서 "결국 '자식살해'의 주체는 공동체의 정치에 매개되고 작동하는 데 가장 적합한 형태로 최적화된 몸과 마음을 소유한 이들로서, 이들은 감정마저도 공동체적 가치를 실현하는 데 적합하도록 규율화된 상태라고 말할 수 있다"7라고 해석한 바 있다. 희생양 프로그램이나 패배한 민중영웅의 형상에서 진일보한 해석이라고 할 수 있다. 그러나 몸과 마음의 규율이 어디서 비롯되었는지 물어볼 필요가 있다. 아기장수를 희생양으로 만들고, 살해하도록 강제하는 힘은 '불안과 신탁의 결합 구조'에서 온다. 불안에 대한 처방으로 주어진 신탁이 오히려 불안을 야기할 때, 개인이나 집단은 자식을 살해하고 희생양을 만들 강력한 동기를 획득한다. 신탁 콤플렉스가 현실에서 작동하는 방식이 바로 이러하다.

'정체확인 → 아기살해'로 진행되는 형식 위에 변형된 내용이 실리는 경우도 있다. 경북 의성군 사곡면 신주못 전설[8]이 좋은 사례이다. 사곡 땅의 늙은 부부가 백일치성 끝에 옥동자를 낳았다. 생후 사흘째가 되었을 때 걷고 말을 한 비범한 인물, 아기장수였다. 겨드랑이 날개 모티프는 없지만 아기의 정체는 이어지는 사건을 통해 확인된다. 모내기를 하고 있던 부부 앞에 장검을 휘두르며 나타난 말 탄 장수가 다짜고짜 지금까지 심은 모 포기 수를 맞히지 못하면 죽이겠다고 위협한다. 그때 논둑에서 놀고 있던 아기가 장수 앞에 나서서 "장군께서 지금까지 달려온 말발굽 수를 맞히면 모 포기 수를 대답하지요"라고 되받는다. 놀란 장수는 "두고 보자"라는 말을 남기고 사라진다. 장수에 맞서는 아기의 놀라운 능력을 보여주는 이 사건은 날개 달린 아기장수 화소話素✦의 변형이라고 할 만하다. 말 탄 장수는 아기장수를 미리 제거하러 온 권력을 표상한다. 그러나 이 장면에는 신탁이 존재하지 않는다. 신탁은 다음 장면에 나타난다.

부친이 죽은 뒤 아이는 모친에게 한 개도 모자라지 않게 콩백 개를 볶아달라고 말한다. 첫 번째 당부다. 그러나 콩을 볶던 모친은 무심코 한 개를 먹고 만다. 아이는 슬픈 얼굴로 오늘 죽게 되었으니 죽거든 목을 잘라 명주 수건으로 싸 남쪽으로 가다가 첫째 못에 버리고 장수가 다시 오거든 절대로 소재를 가르쳐주지 말라고 말한다. 두 번째 당부다. 두 번이나 반복된 당부의 실체는 무엇인가? 날개 달린 아기장수 유형의 예언형 신탁과는 다른 금지형 신탁이다. 흔히 터부taboo라고 불리는 '-하지 말라'의 형식으로 주어지

✦ 설화나 소설에서 이야기를 구성하는 최소단위.

부천 매봉재의 아기장수바위

연꽃으로 덮인 의성군의 신주못

는 신탁이다. 그러나 거의 모든 경우 전설의 터부는 위반으로 귀결된다.

　터부(금지)가 왜 신탁인가? 신주못 전설에서 금지는 아기장수에게서 나온다. 이야기 형식상 금지는 아기장수 개인이 발부하지만 아기장수는 개인이 아니다. 앞서 거론한 대로 아기장수는 다중의 욕망이 집약된 상징적 기호이다. 따라서 아기장수의 금지는 집단의 무의식적 욕망이 집약된 발화이다. 아기장수의 당부는 금지의 형식으로 발화된 신탁이다. 예언형 신탁의 고지가 콤플렉스로 작동할 때 신탁 수용자의 도피를 불렀듯이, 금지형 신탁의 경우도 도피를 부른다.

신주못 전설의 경우 도피는 두 가지 형태로 나타난다. 하나는 실수이다. 모친은 실수로 콩 한 개를 먹어버린다. 모친의 실수는 아기장수의 결핍을 초래한다. 백 개의 콩은 칼 든 장수와의 전투에서 사용할 무기였는데 한 개가 모자라는 바람에 아기장수는 패배에 이른다. '하나의 결여'는 신화와 전설의 현장에서 자주 등장하는, 결핍의 전형적 표현이다. 제주의 설문대할망은 옷감이 한 동 모자라서 옷을 짓는 데 실패했고, 부모가 기자치성을 드릴 때 제물 한 근, 혹은 백미 한 석이 부족해서 세경신 자청비는 딸로 태어난다. '하나의 결여'는 존재성을 결정하는 치명적 결핍이다. 어머니는 왜 이런 치명적 실수를 범하는가?

화자들은 대개 콩을 볶다가 '무심코' 먹었다고 말한다. '무심코'라는 부사는 의식하지 않은 사이에, 다시 말하면 무의식적으로 먹었다는 뜻을 품고 있다. 그런데 이 실수는 반복된 실수이고, 구전되는 과정에서 확산된 실수이고, 개인의 실수를 넘어선 집합적 실수이다. 각편*의 전설 속에서 모친은 개인적으로 무심코 실수하지만 설화의 특성상 개인의 실수는 누적되어 집합적 실수가 된다. 이 집합적으로 반복되는 실수는 심리학자 마틴 셀리그먼이 제안한 '학습된 무기력learned helplessness'[9]으로 설명할 수도 있다. 날개 달린 아기장수를 살해한 부모의 형상은 아기장수가 집안을 공멸시킬 수 있다는 두려움의 결과이다. 이런 두려움이 반복·심화되면 아기

✦ 독립된 각각의 구연 작품을 이르는 설화학의 용어로 version의 번역어.

장수의 부모는 무기력해지고, 제거 행위는 자연화naturalization◆된다. 모친의 실수는 신체에 각인된 이런 자연화의 결과로 보인다.

두 번째 도피는 비밀누설이다. 아기장수의 패배가 한 번으로 끝나지 않고 반복될 때, 지연된 패배는 도피의 형식으로 표현된다. 신주못 전설의 아기장수는 패배를 미리 인지했기에 자신의 잘린 머리를 못에 버려달라고 당부한다. 이 못은 신주神主라는 이름에서 알 수 있듯이 신성한 못이다. 아기장수 전설에서 아기장수가 죽자 용마龍馬가 샘물이나 연못에 빠져 죽는 경우가 적지 않은데 그런 경우 그 물은 용늪이나 용연 등으로 불린다. 이런 맥락에서 보면 신주못은 장수와 용마가 다음을 기약하며 대기하고 있는 신성한 못이다. "갑옷을 입은 장수가 못 한가운데서 막 일어나려고 꿈틀거리고 있었다"라고 묘사하는 화자의 이야기가 그 좌증이다. 그러나 아기장수의 용트림은 칼 든 장수의 협박에 눌린 모친의 금지 위반으로 재차 좌절당한다. 부활하려던 아기장수의 목은 칼 든 장수의 칼에 다시 잘리고 만다.

그런데 신주못 전설은 한 걸음 더 나아간다. 신체에 각인된 신탁 콤플렉스가 신탁을 위반하게 하고, 모친을 도망치게 만들었지만 그렇다고 해서 모친의 안녕이 보장되는 것도 아니다. 비밀을 누설한 모친 역시 아기장수의 목을 자른 칼에 베이기 때문이다. 모친의 신체에 자연화된 신탁 콤플렉스는 모친을 세계에 대한 무기력으로 이끈다. 그리고 이 무기력은 마침내 스스로의 죽음뿐만 아니라 아기장수가 상징하는 미래에 대한 패배를 초래한다.

◆ 반복된 학습으로 인해 마치 태어날 때부터 가지고 있었던 것처럼 무의식적으로 행동하는 상태.

풍수지리설과 신탁 콤플렉스

아기장수 전설은 구전의 현장에서 확산되면서 다른 유형의 전설들과 만나 변형을 일으킨다. 그런 변형들 가운데 신탁 콤플렉스 문제를 드러내는 유형은 '풍수지리설'과 결합한 전설들이다. 주지하듯이 풍수지리설은 신라 때 당나라로부터 유입되어 고려와 조선을 거치면서 심대한 영향을 끼쳤고, 풍수지리를 공부하러 관광버스가 다니고 정치인들의 조상묘 뉴스가 지금도 심심찮게 나오는 것을 보면 그 영향은 현재진행형이다. 풍수지리설의 역사가 긴 만큼 다량의 풍수설화들이 생성되었다. 그 결과 아기장수 전설은 구전의 현장에서 자연스럽게 풍수전설과 섞이기에 이른다.

제주에는 부대각 전설이라는 특이한 아기장수 유형의 전설이 전승되고 있다. 이 전설의 주인공인 부대각은 제주 부씨 집안의 일월조상신*으로 굿에서 모셔지고 있으므로 부대각은 신화의 주인공이기도 하다. 그런데 부대각 전설이 신탁 콤플렉스의 맥락에서 흥미로운 지점은 두 가지이다. 첫째는 부대각이 살아남은 아기장수, 혹은 패배가 유예된 아기장수형 인물이라는 사실이고, 둘째는 전설이 전개되는 과정에서 풍수설이 개입하고, 그것이 일종의 신탁 콤플렉스로 작동한다는 사실이다.

제주 구좌읍 평대리는 부씨 마을이다. 마을 앞 해안가 도개동산에는 부대각으로도 불렸던 실존 인물 부시홍을 기억하는 망사

* 제주굿에서 호명되는 일월조상신은 특정 성씨 집단의 상징적 조상신을 이른다. 이 경우 일월조상日月祖上은 유가儒家의 제사에서 호명되는 조상과 달리 혈통상의 조상일 수도 있고, 혈통과 무관하게 모셔지는 조상일 수도 있다.

구좌읍 평대리 바닷가 도깨동산에 세워져 있는 부시흥망사비

비望思碑[10]가 세워져 있기도 하다. 그래서 부대각 전설은 평대리를 중심으로, 부씨들의 세거지✦를 따라 세화리 등으로 확산해나갔다. 이 지역에서 구전되는 전설 속에서 부대각은 '살아남은 아기장수'이다. 어느 부집✦✦에 아들 셋이 났는데 소를 공처럼 던지고 놀고 있는 아들들을 보고 놀란 아버지는 겨드랑이에서 날개를 확인하고 첫째와 둘째를 죽인다. 막내는 너무 어리다는 이유로 날개만 지지고 살려둔다. 이 대목에서 일반적인 아기장수 전설과 확연히 구분된다. 살아남은 아기장수를 통해 부집을 비롯한 부대각 전설 전승자들은 도래할 영웅에 대한 기대를 표현하고 있는 셈이다.

그러나 영웅에 대한 기대는 좌절된다.

제주에서 이뤄낼 일이 없었던 부대각은 한양 조정의 국마國馬 문제를 해결한다. 여기서 '국마의 난동'을 해결하지 못하는 사태는 왕권의

✦ 조상 대대로 살고 있는 지역.

✦✦ 부씨 집안[夫家]을 이르는 제주식 표현이다.

무기력을 상징한다. 그런데 국마가 부대각 앞에 공손히 무릎을 꿇는 것을 보면, 문제의 국마는 아기장수의 말, 곧 용마라고 해도 좋겠다. 국마 문제의 해결을 통해 왕권으로부터 인정받은 부대각은 대국大國을 치겠다는 호기를 부려 군사와 배까지 획득한다. 영웅에 대한 기대는 극대화되고, 더불어 부집의 자부심도 한껏 고양된다.

하지만 바로 그 지점에서 극적 전환이 이뤄진다. 부대각은 군사들을 거느리고 조상묘에 고하기 위해 제주로 귀환하는데 그 소식은 즉시 공포로 전환된다.

참배를 해가지고 돌아가는데 친족들이 모여가지고 저 작두를 놨다가 집안 멸망이 된다고 해서 밖으로 못 나가게 만들어야 되겠구나. 뭐 평대 우에다 산[墓]이 선조 그게 모신 산이 하나 있는데, 산 그 멧 땅으로 조그만한 바우가 자꾸 커. 그 장군석, 그러니깐 친족덜이 올라가가지고 그 바우를 부셔버련. 부셔버리니까 아이 그 영감이 대각 하르방이 이제는 제주시로 와서 배를 띄우라 배를 띄우라 하는데, 부대각 하르방이 눈이 어두와부런[어두워져 버렸어].[11]

양창보 심방이 구술한 요지는 조상묘에 참배하러 가는 부대각이 집안을 멸망시킬 것이니 막아야 하는데, 그 방안은 조상묘를 모신 땅에서 자꾸 커지고 있는 바위를 친족들이 몰려가 부수어야 한다는 것이다. 친족들이 몰려가 바위, 그러니까 장군바위를 깨버리자 부대각의 눈이 갑자기 어두워진다. 시각을 잃은 부대각은 대국 경략*을 포기한다. 군사들을 살리기 위해 모두 돌려보낸 부대각은 '무쇠방석'에 앉아 스스로를 수장한다. 살아남은 아기장수에 대한 기대는 다시 한번 좌절에 이른다.

아기장수의 지연된 패배를 초래한 부집의 집단적 행위는 풍수지리설에 바탕을 두고 있다. 부집은 부대각의 힘이 조상묘와 바위의 연관성 속에서 나온다고 여겼다. 이 바위는 점점 커지는 바위이기도 하고, 각편에 따라 장수바위로 불리기도 한다. 여기서 바위의 효과는 바위 자체의 권능에서 발현되는 것이 아니라, 그것을 특별한 권능을 지닌 바위로 여기는 부집의 믿음에서 발현된다. 쇠몽둥이를 들고 바위를 깨러 나서는 부집의 집단행동이 바위의 권능을 반증한다. 바위를 깨자 미래를 향한 부대각의 자신만만한 시야도 사라진다. 권능의 이차 반증이다.

바로 이 대목에서 부집이라는 네트워크가 만들어내는 풍수적 신탁 콤플렉스가 작동한다. 일종의 진리로 수용된 풍수지리설에 따라 "장수바위는 장수를 낳으리라", 또는 풍수지리설의 최종심급**에 있는 "명당은 발복을 부른다"는 형식의 예언형 신탁이 작동한다. 이런 예언형 신탁의 배후에는 "명당을 훼손하지 말라", "장수바위를 깨지 말라"라는 금지형 신탁이 짝패로 존재한다. 부집은 집단적 신탁 콤플렉스 때문에 신탁을 훼손하며 장수바위를 깨버린다. 신탁 콤플렉스가 신탁으로부터의 도망이라는 결과를 초래한 셈이다. 따라서 평대리 도깨동산에 건립되어 있는 망사비는 부집의 신탁 콤플렉스를 상징하는 기념물이라고 해

* 침략하여 점령한 지역이나 나라를 다스리는 것.

** 하나의 소송 사건을 서로 다른 종류의 법원에서 반복적으로 심판하는 경우 그 법원들 사이의 심판 순서를 뜻하는 법률 용어인데, 이를 수사적으로 차용했다.

도 좋을 것이다.

단혈斷穴 전설로 불리는 설화 유형이 있다. 풍수지리설은 인간을 둘러싼 자연환경이 인간의 운명에 영향을 주거나 운명을 결정한다는 논리를 구사한다. 이런 논리가 확장되면 은유적 동일시가 작동하여 인체에 혈맥이 있듯이 산천에도 혈맥이 있다고 보게 된다. 혈맥이 단절되면 사람이 병에 걸리거나 죽음에 이르듯이, 산천의 혈맥을 의도적으로 끊으면 개인과 집단의 운명이 바뀔 수 있다고 보는 것이다. 송나라 출신 귀화인 '고종달[胡宗旦]'[12]이 우리나라 전역을 돌아다니면서 혈맥을 끊었다거나 일제강점기에 일본인들이 조선 산천의 혈맥에 쇠말뚝을 박았다는 전설 등이 그런 사례이다. 조상묘를 명당으로 만드는 장군바위를 깨뜨리는 부집의 행위 역시 단혈이다. 제주 부대각 전설은 아기장수 화소가 단혈 화소와 접속하여 새로 형성된 전설이라고 할 수 있다. 고산옥 심방이나 평대리 노인들이 구술한 각편에는 단혈 화소가 나타나지 않는다는 사실도 이런 추정의 유력한 단서로 볼 수 있다.

단혈 전설 가운데 단혈로 특정 집안이나 부자가 망했다는 전설이 있다. 경북 봉화군 물야면 북지리의 구산동龜山洞은 거북바위에서 비롯된 이름인데, 이 지역에 단혈과 관련된 풍수전설 여럿이 전승되고 있다. 구산동 뒷걸마을은 봉화 금씨奉化琴氏 집성촌인데 퇴계가 만년에 이 마을의 쌍송정雙松亭 시회詩會에 참석한다. 시 모임 뒤 금씨들은 퇴계의 선대가 아전이라고 하여 천대했고, 앉았던 자리를 깎아냈다. 이야기를 전해 들은 노승老僧이 "금씨도 다 되었다"라며 마을에 사미승을 보내 메시지를 전한다.

장군석을 관에서 끊어 장군이 자주 나오지 않는다고 하는 제주 오조리 식산봉

식산봉이 보이는 곳에 조성된 어모장군 부유렴 부부의 묘역

자네가 종가에 가거든 하인을 부르지 말고 집안으로 들어가 시주를 청하게. 그러면 몽둥이질을 해대면서 자넬 내쫓을 걸세. 그러면 이렇게 말하게. "금씨들이 벼슬을 못하고 재산을 일으키지 못하는 이유가 있소. 북쪽 비들고개에 지름길을 만들지 않은 것이 첫째요, 논 가운데 선돌이 있는 것

이 둘째 이유요", 이렇게 말이야.[13]

사미승의 메시지를 들은 금씨들은 바로 비들고개에 지름길을 내고, 선돌은 깨버린다. 선돌을 깨자 학 세 마리가 나와 한 마리는 도산 쪽으로, 한 마리는 유곡 쪽으로, 한 마리는 법전 쪽으로 날아간다. 그 뒤로 학이 날아간 도산에서는 퇴계 이황, 유곡에서는 충제 권벌, 법전에서는 잠은 강흡 선생과 같은 인물들이 나오게 되었지만 금씨 집안에는 재난이 끊이질 않았다는 이야기이다. 비들고개의 지름길에 대해서는 말이 없지만 아마도 고개에 길을 내면서 명당 풍수의 기운이 그쪽으로 빠져나갔다는 전승이 숨겨져 있을 것이다.

그런데 금씨들은 왜 사미승의 메시지를 혹신惑信◆했을까? 이 메시지를 무시하고 학을 품은 바위를 깨지 않았다면 금씨 집안에 불운이 발생하지 않았을 것이다. 노승의 메시지를 전한 사미승은 신탁의 전달자이다. 노승은 델포이 신전의 무녀와 같은 위치에 있다. 노승은 풍수설을 통해 신탁을 전달하고 있는 셈이다. 이 경우 풍수설은 전통 과학의 정보 수준을 가볍게 넘어선다. 인간이 자연환경의 영향을 받는 것은 상식에 속하고 풍수설이 이 기반 위에 설립[14]되어 있다고 하더라도, 그 정보가 혹신의 대상이 되었을 때 정보는 신탁으로 전환되고 신탁은 콤플렉스로 작동하게 된다.

◆ 홀딱 빠져서 그대로 믿는 것.
◆◆ 집안을 결딴내는 것이나 그렇게 결딴난 집안.

'신탁고지 → 신탁이행 → 망가亡家◆◆'의 형식으로 진행되는 단혈 전설에서 신탁을 이행하는 인물이 다른 인물로 바뀌어도 결과는 동일하다. 부잣집에 객客이 너무 많이 드는 것을 싫어한 아들이나 며느리가 시주승으로부터 문제해결의 비방을 전해 듣고 바위를 깨는 식으로 단혈을 시행한다. 그 결과 손님은 오지 않게 되었지만 더불어 집안도 망하게 되었다고 이야기한다. 부잣집 아들이나 며느리는 시주승이 고지한 신탁을 왜 혹신했을까? 객이 재산을 축내는 것을 싫어한 아들의 물욕, 접대에 시달리던 며느리의 안락에 대한 욕구가 신탁을 혹신하게 만들었다. 퇴계가 앉았던 자리를 깎아낸 금씨들의 편집적 배타성도 혹신의 촉매이다.

이는 '나라가 망하더라도 아들을 낳아야겠다'라던 신라 경덕왕의 편집증과도 크게 다르지 않은 것이다.[15] 왕위 승계의 불안에 시달리고 있었던 경덕왕은 표훈대덕의 입을 통해 전달된 천제의 신탁에 매달리지 않았던가. 권력욕·물욕·명예욕 등의 욕구에 고착되면 신탁은 콤플렉스라는 증상으로 회귀한다.

조작된 신탁과 연명 서사

오이디푸스 신화에서 델포이 무녀의 신탁은 절대적이다. 무녀에 의해 고지된 운명은 도망칠수록 가까워진다. 태어나기 전부터 주어진 운명이라고 해석하든 성급하고 무모한 성격에서 비롯되었다고 해석하든 차이는 없다. 라이오스는 아들을 낳지 않으려고 이오카스테를 피했으나 술이 씨를 뿌리게 했고, 아들을 제거하려고 한 기아棄兒 행위가 오히려 신탁의 실현을 추동했다. 오이디푸스 신화는 가혹한 운명, 절대적 신탁을 향해 질주한다. 그러나 한국 무교의 신화와 관련 전설은 상당히 다른 질감을 선사한다. 신탁은 조작될 수 있다고, 운명은 피할 수 있다고 이야기한다.

〈멩감본풀이〉는 연명설화에 속하는 무속신화이다. 초점을 두는 인물에 따라 저승차사인 멩감, 곧 명관冥官을 따라 〈멩감본풀이〉라고도 하고, 저승차사가 데려가려는 인물인 사만이를 내세워 〈사만이본풀이〉라고도 한다. 제주에서 부르는 이름이다. 함경도의 〈황천혼시〉나 〈혼수굿〉, 호남 지역의 〈장자풀이〉·〈고풀이〉·〈명두굿〉과 같은 계열에 속한다. 지역이나 굿의 성격에 따라 다양하게 변이를 일으키지만 핵심 서사는 주인공이 저승차사 등의 원조를 받아 정해져 있던 수명을 연장하는 복을 누린다는 이야기이다. 무병장수에 대한 욕구가 빚어낸 이야기인데, 달리 보면 인간이 주도적으로 운명을 조작하여 운명을 변경할 수 있다는 상상력, 혹은 세계관이 투영된 이야기라고 해석할 여지도 충분하다. 그렇다면 연명설화의 신탁은 어느 대목에서 어떻게 작동하고 있는가?

〈멩감본풀이〉의 주인공은 부모를 여의고 문전걸식하던 불운한 남성이다. 열다섯에 동네 어른들 덕분에 손재주 좋은 부인을 얻어 살지만 여전히 가난했다. 부인이 머리를 잘라 쌀을 팔아오라고 했으나 부인 말을 듣지 않고 조총을 사서 사냥을 나간다. 하지만 짐승은 못 잡고 대신 발에 걸린 백골을 만난다. 사만이는 버려져 후손들의 제사를 받지 못하는 백골을 고방庫房✦에 모시고 조석으로 위한다. 이 '백년해골'과의 조우에 의해 사만이의 운명이 변하기 시작한다.

✦ 제주의 가옥 구조에서 식량이나 물건 따위를 보관하는 공간으로, 제주 말로는 고팡.

사실 백골로 표상되는 뼈를 숭배하는 것은 수렵문화의 오랜 유산이다. 죽음의 상징인 뼈가 역설적으로 재생과 풍요를 삶의 영역에 선사한다고 여겼기 때문이다.[16] 그래서 사만이는 쌀이 아닌 조총을 선택했고, 사냥을 나갔던 것이다. 함경도 〈황천혼시〉에서는 사마동이 삼형제가 밭을 갈다가 백골을 발견하는 형상으로 변형되어 있다. 그렇지만 의미는 달라지지 않는다.[17]

그런데 사냥 나갔다가 또는 밭을 갈다가 만난 백골은 주인공의 정성에 보답이라도 하듯이 어느 날 말을 한다. 〈황천혼시〉의 백골은 이렇게 말한다.

백골이 말을 하되,
나는 너희를 만나서 호사를 잘했도다.
너희 삼형제를 염라대왕이 잡아간다,
삼 일 만에 잡으러 온다.[18]

"삼 일 뒤 저승차사가 너희를 잡아가리라", 다시 말하면 "삼 일 뒤에 죽으리라"라는 예언형 신탁이다. 잘 대접을 받았으니 너희에게 저승의 비밀 정보를 제공하겠다는 뜻도 숨어 있다. 그렇다면 백골은 어떻게 신탁의 메신저가 될 수 있었을까?

버려진 백골, 후손의 제사를 받지 못한 백골은 구천을 떠도는 원혼이다. 저승에도 이승에도 속하지 못한 존재, 달리 말하면 이승과 저승의 경계에 거주하는 존재이다. 그렇기 때문에 이승의 정보에도 저승의 정보에도 귀가 밝은 존재일 수 있다. 이런 백골의 경계성은 무巫의 그것과 동일하다. 망자를 저승에 천도하는 오구신이 된 바리데기가 무당의 조상신이기도 하다고 이야기하는 서울, 경기 지역의 〈바리데기〉 신화가 대변하듯이 무당은 이승과 저승을 오가는 존재이기 때문이다. 망자의 영혼을 찾아 저승을 여행하는 만주 신화 속 니산 샤먼의 모습도 다르지 않다. 백골은 단순한 신탁의 고지자를 넘어 신탁을 피할 방도를 제공하는 무당의 직능까지 수행한다.

백골의 피방避方✦은 염라대왕의 명을 수행하려고 이승으로 나오는 저승차사의 마음을 얻는 방법이다. 저승차사가 오는 길목에 식상食床을 배설排設✦✦하고 숨어서 기다리다가 시장한 차사들이 음식을 먹고 난 뒤 사만이의 집으로 가려고 할 때, 혹은 사만이의 이름을 세 번째 부를 때 나가서 살려달라고 빌라는 피방이었다. 이른바 '인정人情 바치기'이다. 인류학적으로는 선물경제gift economy라고 부를 만한 의례적 행위이다. 인정은 저승차사(신)와 사만이(인간)의 평화적인 관계를 목적으로 삼기 때문이다.

제주의 〈멩감본풀이〉는 피방 한 가지를 더 제시한다. 사만이 부인으로 하여금 집에서 시왕맞이굿을 벌이게 하는 방법이다. 시왕맞이굿은 저승을 관장하는 시왕[十王]을 맞이하는 굿이다. 시왕은 저승차사를 파견하는 상위의 신이므로 더 강력한 권력에 인정을 바치는 셈이다. 저승차사를 위해 차리는 식상이 소박한 반면, 시왕맞이굿의 굿상이 관대와 신발을 올리고 상중하 백미19에 황소 사만세 필을 대령할 정도로 대단한 것은 그 때문이다. 〈멩감본풀이〉는 집의 안팎에서 이중의 피방을 구사한다. 저승차사들이 꼼짝하지 못할 만큼 확실한 피방이다. 이는 관리

삼시왕과 저승차사에게 바치는 성대한 굿상

를 접대하는 업자들의 피방과 비슷하다.

　백골이 선물한 피방에 의해 〈황천혼시〉의 삼형제는 요절을 면하고 여든 살이 넘도록 장수한다. 〈황천혼시〉의 차사들은 삼형제 대신 놋동이나 검은 황소 등의 대체물을 저승으로 데려간다. 이렇게 신탁의 기만이 벌어진다. 이중의 피방으로 인해 대체물을 가져가는 데도 실패한 〈맹감본풀이〉의 차사들은 수명이 적힌 저승의 장적에 일 획을 더하는 위조를 감행한다. 그 덕분에 사만이의 수명은 삼십삼三十三 년에서 삼천삼三千三 년으로 늘어난다. 사만이는 숫자와는 무관한 이름이지만 그 결과 이름에 대한 오해에서 촉발된 '사만 년을 산 사만이'라는 변형도 발생한다.

　연명 화소를 지닌 무속신화는 신탁을 고지할 뿐만 아니라 피방까지 함께 제시한다. 따라서 신탁은 잘하면 바꿀 수도 있다.

이러한 신탁의 조작 가능성은 신탁을 상대화한다. 한국 무속신화의 신탁은 철저히 상대적이다. 하위징아의 '호모 루덴스' 개념을 빌리자면 상대화된 신탁은 신탁놀이가 될 수 있다. 북유럽 게르만어권 신화 『에다』의 신 오딘의 목숨을 건 내기처럼[20] 수수께끼 놀이가 될 수도 있는 것이다. 〈멩감본풀이〉는 오이디푸스처럼 절대화한 신탁의 억압에 의해 생성되는 불안으로부터 도피함으로써 오히려 신탁을 실현시키는 방향으로 달려가지 않는다. 신탁은 피방을 획득하면 피할 수도 있는 가능태potentiality일 뿐이다. 〈멩감본풀이〉의 피방은 무업巫業의 존재 근거이면서 신탁의 상대성을 드러낸다.

전설의 연명 모티프도 그 의미가 크게 다르지 않다. 연명설화는 치성감응형致誠感應型과 출가도액형出家度厄型으로 대별된다. 치성감응형은 누구에게 치성을 드리느냐에 따라 칠성·차사·염왕 감응형으로 하위분류된다.[21] 앞에서 다룬 〈멩감본풀이〉는 크게 보아 치성감응형 가운데 차사감응형 연명설화에 속하는 셈이다. 예언된 단명을 벗으려고 집을 떠나 일정 기간의 액막이(도액) 과정을 거치는 출가도액형 연명설화의 경우도 큰 차이는 없다. 다만 액막이를 도와주는 존재가 이인異人이라는 점, 액막이의 방도가 탈주술적이라는 점에서 차이가 있을 따름이다.

출가도액형은 대개 시주승의 방문에서 시작된다.[22] 시주승은 익숙한 신탁의 고지자로서 무巫의 불교적 변형이다. 시주승은 이렇게 고지한다. "아들을 집에 데리고 있으면 일찍 죽으리라"라는 예언형 신탁이다. 어렵게 얻은 외동아들을 애지중지하던 부모의 처지에서는 청천벽력과 같은 신탁이다. 부정적으로 말하면 시주승의 신탁은 출가를 독촉하는 위계僞計일 수 있다. 그러나 구전 설화 속의 시주승은 그 대신 "아들을 집에서 내보내 삼정승의 딸과 혼인시켜야 산다"라는, 특이한 피방을 고지한다. 이런 피방은 저승차사를 잘 대접하여 신탁을 변경하려고 하는 주술하고는 다르다. 이런 시주승의 피방은 오히려 탈주술적이다.

부모에게서 자신의 팔자에 대해 듣게 된 소년은 출가하여 유랑하다가 팥죽 장수 집에 머물게 된다. 그리고 소년으로부터 자초지종을 듣게 된 팥죽 장수 노파가 조력자로 나선다. 노파는 범인凡人의 형상을 지녔지만 조력 행위로 인해 이인으로 볼 여지도 생긴다. 노파는 소년을 치마 속에 감춰 삼정승의 딸들이 머무는 초당으로 데려간다. 소년의 갑작스러운 등장에 놀랐으나 하소연을 들은 딸들은 "사람을 살리는 것이 먼저"라며 소년을 초당에 숨긴다. 과연 며칠 뒤 호랑이가 초당 앞에 나타나 소년을 먹겠다고 으르렁댄다. 소년은 호식虎食✦을 당할 팔자였다는, 시주승의 예언으로 전달된 신탁이 진면목을 드러낸 셈이다. 그러나 호랑이의 얼굴로 출현한 신탁은 삼정승의 딸들이 주역周易을 읽는 바람에 허사로 돌아간다.

이 액막이 과정에서 주역을 읽는 행위보다 중요한 것이 있다. 바로 도액의 조력자인 노파나 삼정승 딸들의 태도이다. 구연자는 이렇게 묘사한다. "이 처녀들이 호령을 허면서 방안에서 대처 주역 같은 거 읽고 걍 호령을 험서 나무래고 헌게로 떠들먹허니 천금대호가 시무룩허니 가버린단 말이여. 헐 수 없이 가버려."[23] 조력자들은 신탁을 숙명으로 여기지 않는다. 호랑이의 모습으로 출현한 신탁을 호령으로

✦ 사람이 호랑이한테 잡아 먹히는 것.

물리친다. 주역 읽기를 설령 주문으로 해석하더라도 조력자들의 신탁에 대한 태도의 의미는 약해지지 않는다. 출가도액형 전설에 드러나는 것은 신탁은 얼마든지 변경될 수 있다는 세계관이다. 노파와 삼정승의 딸들, 이들 조력자들의 신탁에 대한 태도가 소년의 운명을 바꾸었다. 소년과 조력자들 모두 행복해졌다.

　　연명 서사의 인물들은 운명으로부터 무작정 도주하지 않는다. 인위人爲를 통해 운명에 맞선다. 신탁을 절대화하면 신탁이 공포가 되고, 나아가 신탁의 공포로부터 도망치게 되고, 결국 인위는 설 자리를 잃게 된다. 그러나 적절한 조력자를 만나면 신탁은 조정될 수 있고, 그러면 행복을 구가할 수 있게 된다는 것이 연명 신화와 전설의 세계관이다.

맺는말
바리데기-심청의 행로와 신탁의 위상

판소리 〈심청가〉 또는 소설 『심청전』에는 참으로 이해할 수 없는 대목이 있다. 심청은 공양미 삼백 석을 구하려고 제 몸을 서해 뱃사람들한테 판다. 심청의 딱한 사정을 알게 된 장 승상의 부인이 공양미 삼백 석을 내주겠다고 제안하지만 거절한다.

당초에 말씀 못 드린 것을 이제야 후회한들 어찌하겠습니까? 또한 부모님을 위해 공을 빌 양이면 어찌 남의 명분 없는 재물을 바라며, 백미 삼백 석을 도로 내어주면 뱃사람들 일이 낭패이니 그도 또한 어렵고, 남에게 몸을 허락하여 약속을 정한 후에 다시 약속을 어기면 못난 사람들 하는 짓이니, 그 말씀을 따르지 못하겠습니다.

완판본✦『심청전』의 해당 대목인데 장 승상 부인도 심청의 고집을 꺾지 못한다. 명분 없는 재물로 공을 빌 수 없다, 약속을 어겨 뱃

✦ 조선 후기 전라북도 전주에서 영리를 목적으로 목판으로 찍어낸 소설 판본.

사람들이 낭패를 보게 할 수 없다는 것이 심청이 내세운 이유였다. 경판본*『심청전』은 심청의 간절한 비원에 노승이 현몽하여 "하늘이 효성에 감동하여 귀한 일을 이루리라"라고 예언함으로써 인당수행에 대한 의문 자체를 애초에 제거해버린다. 그러나 판소리의 영향 아래 쓰인 완판본은, 인당수행에 대한 청자나 독자들의 의문을 장승상 부인을 통해 반복적으로 제기한다. 왜 심청은 인당수로 가야만 하는가?

심청의 이런 고집스러운 선택에 대해 그간 여러 해석이 베풀어졌다. 책을 마무리하는 자리에서 그 해석의 경과를 일일이 언급할 수는 없으므로 신탁 콤플렉스의 맥락에 닿는 몇 견해만 짚어보기로 한다.

"아비로부터 얻은 몸을 해하는 불효를 결단함으로써 효의 절대성을 긍정한 비장미를 강조"했다는 오래된 견해가 있다.[1] 겉으로는 불효지만 속으로는 효라는 해석, 겉과 속의 충돌에서 드러나는 비장미에 주목한 해석이다. 전혀 다른 근래의 해석도 있다. 심청의 인당수행은 "명령에 순종함으로써 그 명령의 부당성을 드러내는 항의"이며, 따라서 『심청전』은 "효라는 잘 알려진 '답'을 엽기적 사례로써 설파하고 강권하는 텍스트가 아니라, 효이기를 중단한 효, 집 밖으로 끌려나간 효를 통해 효에 대한 근본적인 물음을 던지는 텍스트"라는 해석이다.[2] 관점에 따라 효의 절대성을 실현하기 위해 인당수로 갔다고도 하고, 반인륜적 효 윤리에 저항하기 위해 인당수에 뛰어들었다고도 한다.

심리학적 해석도 있다. 정신분석학의

✦ 조선시대 한양에서 판각하여 찍어 낸 국문본 소설을 비롯한 한문본 천자문·운서韻書 등을 이른다.

시각에서는 심청에게서 강박 콤플렉스를 읽어낸다. "심청 또한 앞이 안 보이는 아버지의 안녕을 책임짐으로써 부모와 자녀의 역할을 바꾸었고, 사고 친 자식의 문제를 부모가 해결해주듯이 심봉사의 과도한 욕구[3]를 수행하기 위해 강박적으로 매달린 끝에 결국 인당수에 몸을 던진다."[4] 심청은 부모 역할에 고착되어 있었다는 것이다. 분석심리학의 시각도 유사하다. 심청은 부성상父性像의 지배하에, 다시 말해 부성 콤플렉스의 지배를 받고 있었으므로 부성상을 실현하는 도구가 되어 인당수로 갔다는 것이다.[5]

심청의 이야기는 소설·판소리·무가·설화·민요 등으로 전승되고 있고, 지금도 창극·영화·연극·오페라·웹툰 등으로 재현되고 재창작되는 살아 있는 이야기이므로 하나의 해석만 옳다고 주장하기는 어렵다. 그러나 이전의 해석에서 주목하지 않은 대목을 살펴볼 필요가 있다. 그것은 바로 심청의 인당수행을 강제한 '최초의 선택' 대목이다.

어르신의 관상을 본즉 지금은 곤궁하나 사오 년 후면 왕후장상이 될 것이요, 따님의 영화도 천하의 으뜸이 되려니와 지금 크게 시주하면 따님도 귀하게 될 뿐만 아니라 어르신의 감긴 눈도 뜨이리라.

우리 절 부처님은 영험이 많으셔서 빌어서 아니 되는 일이 없고 구하면 응답을 주시니 공양미 삼백 석을 부처님께 올리고 지성으로 불공을 드리면 반드시 눈을 떠서 성한 사람이 되어 천지만물을 보오리다.

앞엣것은 경판본이고 뒤엣것은 완판본인데 큰 차이가 없다. 창본唱本◆들도 다르지 않다. 이 사건은 아버지 심봉사와 화주승化主僧◆◆의 만남에서 비롯되었다. 심봉사는 이웃집에 밥을 빌거나 방아품을 팔러 간 딸의 귀가가 늦어지자 찾아 나섰다가 구렁에 빠져 허우적거린다. 그때 마침 지나가던 화주승이 그를 구해낸다. 화주승은 주업이 시주를 청하는 일이라 심봉사에게 시주를 권한다. "우리 절 부처님께 큰 시주를 하면 눈을 뜨시리라!" 화주승을 통해 발행된 예언형 신탁이다.

심봉사는 화주승의 신탁을 혹신惑信한다. 왜 그랬을까? 눈이 멀었기 때문일 것이다. 소경은 불안의 표징이다. 보이지 않으므로 한 치 앞일을 알 수 없는 것이 소경6의 운명이다. 『심청전』이 여러 장애 가운데 소경을 선택한 것은 존재의 불안을 형상화하고, 불안과 신탁의 관계를 이야기하려고 했기 때문일 것이다. 신탁에 현혹된 심봉사는 화주승의 권선책勸善冊◆◆◆에 이름과 공양미 삼백 석을 등록하고 만다. 신탁의 부름에 응답함으로써 신탁은 돌이킬 수 없는 약속이 되고, 약속은 신의 명령으로 전환된다. "눈을 뜨려면 약속을 지켜라!" 혹은 "약조한 공양미를 바치지 않으면 눈을 뜰 수 없으리라!" 귀가한 심봉사는 후회하고 걱정한다. 부처님을 속이면 끝이 좋지 못할 것이라며 두려워한다. 신탁은 시간이 지날수록 두려움으로 변해간다.

앞에서 인당수행이 불가피한 이유 두 가지를 확인한 바 있다. '명분 없는 재물에 대한 걱정'과 '뱃사람들의 낭패'가 그것이다. 둘

◆ 판소리 사설을 듣거나 녹음하여 기록해 놓은 책.

◆◆ 마을을 다니면서 사람들의 시주를 받아 절의 양식을 대는 승려.

◆◆◆ 시주한 사람의 이름과 시주한 재물의 내용을 적은 책.

가운데 첫째 이유가 긴요한 것으로 보인다. 일이 번거롭기는 하겠지만 뱃사람들이야 돌려받은 공양미로 다른 제물을 구하면 된다. 장승상 부인의 원조를 마다할 이유로는 설득력이 부족하다. 그러나 첫째 이유는 다르다. 명분 없는 재물, 곧 남이 준 재물을 바쳤다가 정성이 모자라면 어떡하나 하는 불안감이 심청의 심저心底에서 모락모락 피어오르고 있었을 것이다. 소원이 성취되지 않은 것은 신의 문제가 아니라 기도의 정성이 부족해서라는 '굿(의례)의 심리'가 심청의 내심에서도 작동하고 있었던 것이다. 장승상 부인의 쌀을 공양미로 바쳤다가 정성이 모자라 개안이 이뤄지지 않는다면 낭패가 아니겠는가! 장승상 부인의 삼백 석과 자신의 몸값 삼백 석의 가치를 천양지차로 만든 것은, 심봉사의 혹신이 빚어낸 신탁에서 촉발된 심청의 불안감이다. 부녀 사이에 조성된 불안의 공명, 이것이 심청을 인당수로 몰고 간 '제1원인'이다.

이 대목에서 바리데기를 소환해야 한다. 바리데기 역시 부친의 질병을 치유할 약물을 구하려고, 결국에는 목숨을 살리려고 서천서역국으로 가기 때문이다. 서천서역국은 황천강 건너편에 있는 죽음의 세계, 저승이다. 다시 말하면 바리데기도 부친을 살리기 위해서는 죽어야만 하는 것이다. 심청의 인당수가 바리데기의 서천서역국이다. 『심청전』은 무속신화 〈바리데기〉의 소설 버전이라고 해도 좋을 것이다.

그런데 〈바리데기〉의 어뷔대왕과 바리공주의 불안은 그 질감이 상당히 다르다. 왕위 승계에 대한 어뷔대왕의 불안은 그를 신탁 콤플렉스로 몰고 갔지만 그로 인해 탄생한 바리데기에게는 그런 콤플렉스가 보이지 않는다. 바리데기는 아비로부터 버림받

았음에도 불구하고 저승행을 마다하지 않는다. 어석국 삼무당◆의 점괘, 곧 "서천서역국에 가서 약수물을 길러다가 좌우로 먹이고 좌우로 씻어야 병이 나으리라!"라는 신탁에 따라 함흥 지역의 바리데기 수왕이는 서천서역국으로 간다. 다른 지역에서 구연되는 〈바리데기〉에서도 그리 다르지 않다. 여섯 언니들도, 조정의 대신들도 거부한 저승행을 자원한다. "국가의 은혜와 신세는 안 졌지만은 어마마마 배 안에 열 달 들어 있던 공으로 소녀 가오리다."7 신화 속의 바리데기에게는 불안감이나 주저함이 드러나 있지 않다.

　　부모와 달리 바리데기에게 신탁 콤플렉스가 없었던 것은 '인간 바리데기의 신성화神聖化'와 관계가 있다. 저승 여행과 치병의 소명을 완수한 바리데기는 공을 인정받아 칠성신七星神이 되거나 만신萬神의 인위왕人爲王, 그러니까 모든 무당의 원조元祖, 곧 무당의 조상신이 된다. 인간 세상에서의 부귀영화를 거부하고, 저승으로 가거나 하늘에 올라가는 신성을 획득한다. 신탁을 받아 신탁을 수행했던 바리데기가 마침내 신탁의 중개자 혹은 발행자가 된 것이다. 신탁의 발행자나 신탁의 중개자에게 콤플렉스가 있을 리 만무하다. 콤플렉스는 신탁 수탁자들의 몫이다. 아들 낳기에 집착한 아버지와 신이 된 딸의 차이가 여기에 있다.

　　〈바리데기〉 신화를 계승한 소설 『심청전』의 부녀 관계는 이런 맥락에서 살펴야 한다. 아버지에게서 전이된 신탁에 대한 불안감은 심청에게도 만만치 않게 존재했다. 그래서

◆　보통 "천지국 천지무당, 지리국 지리무당, 너비국 너비무당, 어석국 삼무당이 용하구 묘하다니"와 같은 상투적인 사설로 전개되는데 너비국, 어석국이 어떤 공간을 의미하는지는 분명하게 밝혀져 있지 않다.

인당수행의 제1원인을 신탁 불안증이라고 진단했다. 하지만 그 행로가 신탁 콤플렉스의 결과라고 할 수는 없다. 심청에게는 눈먼 부친을 보살펴야 한다는 책임 강박이 없지 않았을 테지만 그것이 신탁 불안증을 압도했다고 보기는 어렵다. 그렇지만 심청은 심봉사나 라이오스 부자처럼 신탁이 주는 불안증을 회피하지 않았다.

잘 들여다보면 화주승이 발행한 신탁 안에는 본래 심청의 목숨이 포함되어 있지 않았다. '공양미 삼백 석으로 지극정성을 드리면'이라는 신탁의 조건 안에 '심청을 바치라'라는 부처님의 명령은 없었다는 뜻이다. 부녀의 처지를 생각하면 선택지가 많았다고 할 수는 없지만 그래도 선택지는 열려 있었다. 이런 상황 속에서 심청은 자신을 신탁 안에 던져 넣음으로써 신탁을 신탁놀이, 다시 말하자면 몽은사 부처님과 심청 사이의 내기로 바꿔버린다. 이제 신탁대로 공양미 삼백 석과 인신공희人身供犧*라는 지극한 정성을 바쳤으므로 공은 몽은사 부처님에게로 넘어간 것이다. 신탁 발행자가 어떤 식으로든 심봉사의 눈을 뜨게 해야 할 채무자로 바뀐 셈이다.

물론 소설이나 판소리의 심청은 심황후가 되어 맹인 잔치를 통한 부친의 개안에 도달함으로써 이승을 떠나는 신화의 바리데기와는 다른 결말에 이른다. 그러나 서천서역국에 대응하는 인당수에 이르는 행로는 바리데기와 그리 다르지 않다. 심청의 신탁 불안증이 콤플렉스에 빠지지 않고, 신탁의 실현을 강제하는 희생제의를 통해 부친의 개안에 이른 심청의 형상이 〈바리데기〉라는 오래된 무속신화에 뿌리를 두고 있었기 때문이다.

그런데 여기서 한 가지 짚어두어야 할 것이 있다. 그것은 르네 지라르의 희생양scapegoat 이론을 참조하여 바리데기나 심청을 '억울하게 죄를 뒤집어쓴 피해자'로 해석하는 시각이다. "희생양이 선택될 때 바리데기는 여성이라는 유표성markedness/ the marked✦으로 말미암아 박해의 대상이 되지만, 또한 여성이기 때문에 위기에 빠진 사회를 구해낸다"8라고 보거나, "심청이라는 한 개인의 고통과 죽음을 집단이 '출천대효'✦✦라는 특별한 의미로 치환함으로써, 이 살인 사건은 희생제의적 성격을 띠게 되는 것"9 이라고 보는 시각이 그것이다. 바리데기와 심청의 이야기에는 분명 희생제의의 국면이 있다. 이들 이야기의 심층에는 희생제의의 전통이 남아 있기 때문이다. 그러나 신탁에 따른 바리데기의 서천서역국행과 심청의 인당수행은 희생양 이론으로 전부 설명되지 않는다.

바리데기와 심청은 집단의 폭력에 의해 희생당한 뒤 성스러워진 존재도 아니고, 희생양처럼 살해되는 수동적인 존재도 아니다. 함흥 지역의 바리데기는 저승의 약물로 모친을 살리고도 되살아난 모친의 살煞에 언니들과 함께 죽는다. 전혀 성스럽지 않다. 서울·경기 지역의 〈바리공주〉는 바리공주를 '만신의 인위왕'으로 성화聖化하지만 그것은 바리공주의 능동적 선택의 결과이다. 심청의 경우는 더 명백하다. 심청은 부처님이 발행한 신탁을 수정하고, 신탁을 내기의 국면으로 전환시킴으로써 희생양 만들기를 거부하거나 넘어선다. 바리데기에

✦ 무표성에 상대되는 개념으로 '어렵고 자연스럽지 못한, 특이한 자질'을 말한다. 예를 들어 '방이 얼마나 넓어요?'라고 하지 않고 '방이 얼마나 좁아요?'라고 자연스럽지 않게 질문하는 것을 뜻한다.
✦✦ 하늘이 낸 효자[出天大孝].

서 심청으로 이어지는 한국의 서사적 전통에는 희생양 서사를 모방하면서도 희생양 메커니즘을 부정하는 측면이 동시에 존재한다는 점을 인정할 필요가 있다.

앞에서 나는 신탁 콤플렉스를 거부하거나 신탁 콤플렉스로부터 탈주하는 여러 사례를 거론했다. 세계의 재창조를 이야기하는 홍수신화의 오누이는 맷돌을 굴리거나 연기를 피워올려 신탁을 심문한다. 오누이는 겉으로는 신탁을 묻고 있으나 속으로는 인간의 뜻을 신의 뜻으로 꾸미는 신탁놀이를 벌이고 있다. 정초에 부녀자들이 모여 벌이는 꼬댁각시놀이도 유사하다. 일상의 불안을 이기려고 신탁을 묻지만 신탁을 절대화하지 않는다. 다만 운명을 점쳐보는 즐거운 놀이일 뿐이다. 이런 유희 정신을 통해 심리적 공간이 확보될 때 우리는 신탁 콤플렉스에서 벗어날 수 있고, 이를 반신탁 콤플렉스로 부를 수 있다고 했다.

제주 무속신화 〈삼공본풀이〉의 가믄장아기는 "누구 덕에 사느냐"라는 신탁이 숨어 있는 물음에 "내 덕에 산다"라고 대답했다가 집에서 쫓겨났지만 그 덕분에 부를 얻어, 딸을 쫓아내고 탈이나 맹인 거지가 된 부모를 구원한다. 바리데기와 심청을 섞어놓은 듯한 가믄장아기는 스스로 운명의 주체가 됨으로써 신탁에 저항한다. 〈세경본풀이〉의 자청비는 자신을 겁탈하려고 하는 정수남뿐만 아니라 김진국대감·문도령·글방선생·문선왕·삼천선비 등의 남성들로부터 축출되고, 위협받고, 시험을 당하지만 끊임없이 이들로부터 탈주한다. 오이디푸스 신화를 빌리자면 이들은 자청비를 오이디푸스화하려는 힘, 달리 말하면 '여성은 결여된 존재'라는 신탁 콤플렉스에 묶어두려는 남성 권력의 초상이다. 자청비는 신탁 콤플렉스에 맞서는 여성, 맞섬으로써 여신이 된 존재라고 할 수 있다.

이제 신탁 콤플렉스라는 새로운 개념을 제안한 이 책을 이쯤에서 마무리하려고 한다. '신화와 전설로 읽는 한국 사회의 불안과 점복 문화'라는 부제처럼 내가 오래 공부해온 신화와 전설을 통해 한국 문화 속에 편재해 있는 주술과 점복 문화의 지속성과 현재성을 해명하면서, 동시에 그로부터 자유로운 심리적 공간을 찾아보려고 했다.

우리는 여전히 신문이나 앱을 통해 제공되는 오늘의 운세에 관심이 있고, 어려운 일이 있으면 점집을 두드리고, 사주팔자·타로카드 점을 보거나 절이나 교회에 기도를 청한다. 큰일을 앞두고는 택일을 하고, 사람을 선택할 때는 궁합을 보고 관상도 본다. 과학의 옷을 입고 있는 척하는 혈액형 성격유형설이나 MBTI와 같은 성격유형 검사를 통해 자신과 타인을 진단하기도 하고 그것을 근거로 인생 상담까지 하려고 하는 태도도 크게 다르지 않은 것 같다. 주술로 평가절하하든 과학으로 미화하든, 개인적이든 집단적이든 점복 행위의 바탕에는 미래에 대한 불안감이 도사리고 있다.

우리의 오래된 점복 문화에는 불안한 미래를 예측하여 길을 찾으려는 지혜가 없지 않다. 예기치 않은 불운의 반복으로 불안할 때, '삼재三災가 들었다'라는 운세 풀이나 점괘는 행동거지를 조심하게 하고 불안을 줄이는 심리적 효과가 있다. 굿판에서 무당을 통해 전해지는 망자의 말(신탁)에서 큰 위로를 받기도 하고, 몸에 들어왔다고 하는 원혼이나 망령을 굿이나 안수기도와 같은 종교 의례를 통해 다스림으로써 몸과 마음의 병을 치료했다는 사례도 많다. 우리는 신탁에 기대 삶의 에너지를 얻어왔고, 신에 대한 상상이 인류의 진화에 긍정적인 기여를 했다는 진화심리학의 견해도 제출되어 있다.

그러나 음양의 관계처럼 사물에는 늘 이면이 있다. 『연산군 일기』에는 신탁 콤플렉스에 빠진 연산군의 모습이 묘사되어 있다. 연산군은 아끼던 나인 월하매가 죽자 궁궐 후원에서 굿을 벌였는데 무당의 공수에 통곡했다고 하며, 스스로 생모인 폐비 윤씨가 빙의된 듯 백악사白岳祠에 올라가 자주 굿을 했다고도 한다. 연산군 때의 국무國巫 돌비, 광해군 대의 국무 수란개, 조선 말 명성황후의 비호를 받았던 진령군 등 권력자의 불안에서 비롯된 신탁 콤플렉스를 이용하여 사익을 취한 신탁 중개자들이 적지 않다. 누군가를 해치려고 거처 인근에 흉험을 준다고 여겨지는 뼈나 동물의 시신 등을 묻는 매흉埋兇이나 조상묘에 말뚝을 박는 행위, 인형이나 초상화를 쏘거나 찌르는 행위도 주술에 대한 혹신에서 나와 신탁 콤플렉스를 강화한다.

액운을 없애고 복을 받으려는 태도는 모든 종교의 기반이다. 우리의 종교 본능이 그러하기 때문이다. 그러나 제액초복을 얻으려는 점복과 주술이 우리의 삶과 공동체를 부정하고 파괴하는 데 이르면 곤란하지 않겠는가? 내가 복을 누리려고 남의 복을 빼앗거나 파괴하는 일이 자행되면 되겠는가? 이런 물음에 대한 일단의 답변이 이 책에서 발견한 신탁에 저항하고 신탁으로부터 탈주하는 인물들의 행위 안에 있다. 제주 신화의 여신 가믄장아기나 자청비, 그리고 우리 고전 서사의 정수를 형상화하고 있는 바리데기나 심청과 같은 인물들 말이다.

이들과의 새로운 만남을 통해, 우리 모두 심봉사가 눈을 뜨듯 신탁 콤플렉스라는 맹안盲眼에서 자유로울 수 있기를!

1장 불안과 신탁, 혹은 신탁과 불안

1 "去曉設行爲新生兒祈度厄醮事于加利縣山, 自粹敎山僧掌行之云. 貴孫孝元等
   晡時還到, 適不雨好過事, 自粹言之云. 一家朝始用肉." 『묵재일기默齋日記』

2 "宿堂護孫, 孫朝服藥物, 其氣不安. 令子公, 往問女巫秋月, 以淑吉不平有何
   緣, 則明日當進禱云云. 盖因十二月爹兒持旗竿, 下城隍之時, 立見其旁, 忽然
   心動股戰而困, 還家臥休而起, 故疑有是故而問之." 『묵재일기』

3 조현설, 「16세기 일기문학에 나타난 사대부들의 신이담론과 소설사의 관
   계」, 『동악어문학연구』 51: 268, 2003.

4 "子, 不語怪力亂神." 『논어論語』 「술이述而」

5 이능화, 『조선무속고』, 서영대 역주, 창비, 2008, 127-128쪽.

6 村山智順, 『朝鮮の占卜と豫言』, 朝鮮總督府, 1933.

7 무라야마 지준, 『조선의 점복과 예언』, 김희경 역, 동문선, 1990, 113-114
   쪽. 독자의 편의를 위해 한자를 한글로 바꾸거나 병기하고 어려운 한자
   어에는 설명을 붙였다.

8 조현설, 「〈朝鮮巫俗考〉를 통해 본 이능화의 무속 이해」, 『애산학보』 41,
   2015.

9 민간신앙은 미신, 조잡한 것, 비하해야 할 것, 더럽고 차원이 낮은 것으
   로 간주하였으며, 조선총독부가 직접 나서서 총독부 학무국의 신사·신
   도정치, 경찰국의 단속행정, 사회과의 사회 교화 운동을 펼쳤다. '무녀 단
   속법'도 제정되어 무당의 행위를 일탈적인 것으로 취급했다. 그뿐만 아
   니라 3·1운동 이후에는 종교 단체의 분열·어용화를 꾀하면서 유사종교
   를 적극 비호·장려하기도 했다(주강현, 『주강현의 우리문화기행』, 해냄출판사,

1997).

10 정승안, 「일상생활의 위기와 운세산업의 사회적 의미」, 『문화경제연구』 14-1, 2011.

11 정승안, 「위기탈출의 기예, 점복의 사회학」, 『사회사상과 문화』 19-1, 2016.

12 손진태의 『조선신가유편朝鮮神歌遺篇』(1930)에 실린 김쌍돌이金双石 구연본의 일부를 현대어로 옮겼다.

13 "帝曰, 可則可矣, 然爲男則國殆矣." 『삼국유사』 기이紀異 제2.

14 "There's a sucker born every minute."

15 브리태니커 백과사전 P.T. Barnum 항목(britannica.com/biography/P-T-Barnum).

16 2009년 4월 27-29일 방영.

17 리처드 니스벳, 『생각의 지도』, 최인철 역, 김영사, 2004, 177쪽.

18 가와이 하야오, 『콤플렉스』, 위정훈 옮김, 에이케이커뮤니케이션스, 2017, 18쪽.

19 조현설, 「성지도사와 여우구슬」, 『예천산천』 12: 64-69, 2022.

2장 〈바리데기〉의 불안한 인물들과 신탁 콤플렉스

1 서대석·박경신 역주, 『서사무가 I 』, 고려대 민족문화연구원, 1996, 216쪽.

2 이경하 주해, 『바리공주/바리데기』, 서울대학교출판문화원, 2019, 71쪽. 이후 인용은 같은 자료에서 하되 쪽수는 일일이 표기하지 않는다.

3 이 대목에서, 가장 이른 시기에 조사된 배경재본(1937)에는 약간의 혼동이 있다. 세손이 없어 불안해하면서 문복을 지시하던 애초의 어뷔대왕은 실종되고, 그 역할을 세자로 등장했던 대왕이 수행한다. 그래서 논리적으로는 대왕은 세자, 중전은 세자빈이지만 구연 과정에서는 세자와 어뷔대왕, 중전과 세자빈이 뒤섞이고 겹친다. 이후의 다른 구연본에서는 세자를 설정하지 않고 바로 왕과 왕비의 결혼으로 시작되므로 이런 혼동이 일어나지 않는다.

4 자세한 것은 윤준섭, 『함흥본 〈바리데기〉 연구』, 서울대학교 석사학위논문, 2012 참조.

5 「함흥본 〈바리데기〉 교합본」(윤준섭, 앞의 논문, 부록)에서 재인용하면서 뜻이 통하도록 말을 다듬었다. 이후 인용문도 같다.

6 윤준섭, 앞의 논문 재인용, 111쪽.

7 이경하 주해, 앞의 책, 191쪽.

8 임규정, 「인간의 존재론적 상실을 의미하는 불안의 개념」, 쇠렌 키르케고르, 『불안의 개념』, 임규정 옮김, 한길사, 1999, 68쪽.

9   홍준기, 「불안과 그 대상에 대한 연구: 프로이트·라캉 정신분석학과 키르케고르의 비교를 중심으로」, 『현상학과 현대철학』 17, 2001을 내가 이해한 바에 따라 부분적으로 인용하여 재구성하였다.

10   "따라서 주체란 분석 과정의 각 단계에 위치한 상이한 양태들이라고 말할 수 있다. 요구의 주체로서, 주체는 상상적인 영역에 묶여 있다. 하지만 욕망의 주체로서, 주체는 본질적으로 상징적인 타자에 대한 일종의 태도라고 할 수 있다. 그리고 충동의 주체로서 그는 〈실재계에 자리잡은 주체〉이다. 이런 의미에서 주체는 상상계, 상징계, 실재계라는 세 개의 얼굴을 가지고 있으며, 각각의 얼굴은 분석 과정을 통해 순차적으로 모습을 드러낸다."(브루스 핑크, 『라캉과 정신의학』, 맹정현 옮김, 민음사, 2002, 360-361쪽.)

11   임규정, 앞의 글, 68쪽.

12   加地伸行, 『儒教とは何か』, 中公新書, 1990.

13   이 용어는 내가 이미 「신탁 콤플렉스」(『문학사상』 2015년 12월호)라는 에세이에서 한 차례 사용한 바 있다.

14   루크 페레터, 『루이 알튀세르의 이데올로기』, 심세광 옮김, 앨피, 2014, 164-170쪽.

3장 라이오스-오이디푸스의 신탁 콤플렉스

1   아폴로도로스, 『아폴로도로스 신화집』, 강대진 옮김, 민음사, 2005, 165쪽.

2   같은 책, 165쪽.

3   같은 책, 164쪽.

4   장영란, 『장영란의 그리스 신화』, 살림, 2005, 260-267쪽.

5   이진성, 『그리스 신화의 이해』, 아카넷, 2004, 244-249쪽.

6   장영란, 앞의 책, 263쪽.

7   같은 책, 267쪽.

8   아폴로도로스, 앞의 책, 165-166쪽.

9   헤시오도스, 『신통기』, 김원익 옮김, 민음사, 2003, 46-48쪽.

10   같은 책, 46쪽.

11   로마시대의 지명으로 킬리키아Kilikya 지방에 위치하기 때문에 킬리키아 동굴이라고도 한다. 이 동굴은 지금은 튀르키예의 관광지로 현지에서는 Cennet, 즉 '천국'이라고 부른다.

12   오비디우스, 『원전으로 읽는 변신이야기』, 천병희 옮김, 숲, 2005, 354쪽 각주 143 참조.

13   아폴로도로스, 앞의 책, 166쪽.

14   오비디우스, 앞의 책, 354-355쪽.

15   아폴로도로스, 앞의 책, 166쪽.

16 이진성, 앞의 책, 254쪽.

17 아폴로도로스, 앞의 책, 166쪽.

18 베르낭은 "라이오스라는 이름은 명확하지 않지만 아마도 한 민족의 족장이
나 '비틀린' 남자를 뜻할 것이다. 사실 라이오스의 운명은 모든 면에서 뒤
틀려 있었다"라고 했다(장 피에르 베르낭, 『베르낭의 그리스 신화』, 문신원 옮김,
성우, 2004, 262쪽). 신화적 '비정상성'은 오이디푸스 가문의 속성으로 보인다.

19 이진성, 앞의 책, 255-256쪽.

20 아폴로도로스, 앞의 책, 167쪽.

21 지그문트 프로이트, 『꿈의 해석』, 김인순 옮김, 열린책들, 2004, 346-347쪽.

22 박민철, 「프로이트의 삶과 업적」, 『정신분석』 18-1: 7, 2007.

23 프로이트, 앞의 책, 424쪽.

24 같은 책, 110-111쪽.

25 같은 책, 112-113쪽.

26 미셸 옹프레, 『우상의 추락, 프로이트 비판적 평전』, 전혜영 옮김, 글항아
리, 2013, 178쪽.

27 같은 책, 33쪽.

28 질 들뢰즈·펠릭스 과타리, 『안티 오이디푸스: 자본주의와 분열증』 3판,
김재인 옮김, 민음사, 2014, 91쪽.

29 같은 책, 102쪽.

30 전중환, 『진화한 마음』, 휴머니스트, 2019, 177-178쪽.

31 들뢰즈·과타리, 앞의 책, 94쪽.

32 프로이트, 앞의 책, 110쪽.

33 변정심, 「살라미스 해전에서 '나무 성벽' 신탁의 역할」, 『역사와 경계』 59:
265, 2006.

34 해부학자 이사벨라 허브Isabella Herb는 한 실험에서 실험 대상에 대한 에
틸렌 가스 투여는 20%가 그 한계로, 20%를 넘으면 의식을 잃게 되는데,
20% 미만이면 대상자가 일어나 앉아 질문을 듣고 논리적으로 대답할 수
있고 무아지경에 이르는 환각 상태가 되었으며, 목소리와 톤과 언어 패
턴이 바뀌고, 손과 발에 대한 지각을 잃어, 핀으로 찌르거나 칼로 찌르는
것조차 느끼지 못한다고 했다. 가스가 가득한 곳으로부터 옮겨진 사람들
은 무슨 일이 일어났는지 또는 자신들이 무슨 말을 했는지를 기억하지
못했다. 20%가 넘는 가스 투여자는 팔다리 움직임에 대한 통제력을 잃었
고, 이상한 목소리로 신음하며 균형을 잃고 자주 쓰러졌다. 이 모든 증상
은 많은 예언자를 목격한 플루타르코스의 실제 피티아의 행동에 대한 기
록과 일치한다(blog.naver.com/chanwoolee/221740100085).

35 G. Murray, *Five Stages of Religion*; 쿠르트 휘브너, 『신화의 진실』, 이규영 옮

김, 민음사, 1991, 313쪽에서 재인용.

36 소타자other는 내가 나라고 여기는 거울에 비친 내 모습이고, 대타자는
    거울에 비친 내 모습을 '바로 너야'라고 규정해주는 법이나 도덕률과 같
    은 상징적 질서를 말한다. 델포이의 아폴론 신전에서 무녀 피티아의 입
    을 통해 내려온 아폴론의 신탁, 불붙은 떨기나무에서 나타난 야훼의 사
    자使者를 통해 들려온 히브리인들을 구원하리라는 신탁에 오이디푸스나
    모세가 호응하여 신탁을 행동 지침으로 받아들였을 때 대타자는 실체를
    갖는다는 뜻이다.

37 리좀rhizome은 본래 고구마와 같은 뿌리줄기 식물을 말하는데 땅속 사
    방으로 뻗어나가기 때문에 줄기와 뿌리가 구별되지 않는다. 이를 철학적
    개념으로 벼린 것이 들뢰즈·과타리의 리좀으로, 사물의 잠재적 상태를
    뜻한다. 신탁이 모호하다는 것은 그 의미가 결정되어 있지 않은 잠재적
    상태라는 말이다. 이런 상태를 특정한 의미로 수렴하여 고착화할 때 신
    탁과 수탁자의 관계에서 신탁 콤플렉스가 형성될 가능성이 커진다.

38 Jean-Pierre Vernant, "Oedipus Without the Complex", Jean-Pierre Vernant,
    Pierre Vidal-Naquet, *Myth and Tragedy in Ancient Greece*, New York: Zone
    Books, 2006 (c1990) pp. 85-111.

39 옹프레, 앞의 책, 236쪽.

4장 신탁놀이와 반신탁 콤플렉스

1 손진태, 『조선신가유편朝鮮神歌遺篇』, 東京:鄕土硏究社, 1930, 68쪽. 띄어쓰
   기, 맞춤법 등을 현대어로 수정하였다.

2 이름과 관련 서사는 김태곤, 『한국무가집韓國巫歌集 3』[e-Book], 한국학술
   정보, 2001, 72-78쪽 참조.

3 같은 책, 72쪽. 읽기에 편하도록 한자 표기, 띄어쓰기, 맞춤법 등을 수정
   하였다. 이후에도 같다.

4 손진태, 앞의 책, 63-64쪽.

5 김태곤, 앞의 책, 74쪽.

6 손진태, 앞의 책, 75쪽. 띄어쓰기, 맞춤법 등을 수정하였다. 이후에도
   같다.

7 같은 책, 76쪽.

8 같은 책, 75쪽. 여기서 '잘라'는 '매달아'의 오류로 보인다.

9 白庚勝, 『東巴神話硏究』, 北京: 社會科學文獻出版社, 1999, 145-146, 294-
   295쪽.

10 임한순·최윤영·김길웅 역, 『에다』, 서울대학교출판부, 2004, 36-50쪽
   참조.

11 고혜선 편역, 『마야인의 성서, 포폴 부』, 문학과지성사, 1999.

12 정혜주, 「공놀이에 나타난 '단두의례'의 의미: 치첸이쯔아Chichen Itza와 이 사빠Izapa를 중심으로」, 『민속학연구』 31, 2012.

13 J. Huizinga, *Homo Ludens*, Boston: The Beacon Press, 1955, p.110.

14 현종홍 구연, 「꼬댁 각시」, 『한국구비문학대계 4-5』, 한국학중앙연구원, 795-797쪽. 뜻이 통하도록 표준어로 바꾸고 행갈이도 하였다.

15 서영숙, 「꼬댁각시노래의 연행 양상과 제의적 성격」, 『고전희곡연구』 2: 224-225, 2001.

16 무라야마 지준, 앞의 책, 6·7장 참조.

17 임동권, 『한국민요연구』, 이우출판사, 1975, 270쪽.

18 〈꼬댁각시노래〉의 결말 형식에 대해서는 최자운, 「꼬댁각시노래의 유형 類型과 의례儀禮」, 『한국민요학』 18, 2006에 잘 정리되어 있다.

19 초공신, 이공신, 삼공신은 창세신 천지왕과 쌍둥이 아들 대별왕·소별왕 이 세상을 개벽하고 인간 세상의 질서를 만든 뒤 첫 번째, 두 번째, 세 번 째로 출현한 신, 또는 굿에서 첫 번째, 두 번째, 세 번째 순서로 부르는 신 들의 이름이다. 각 신들은 젯부기삼형제(삼시왕), 할락궁이, 가믄장아기라 는 고유한 이름과 신화를 따로 가지고 있다.

20 현용준, 『(개정판)제주도무속자료사전』, 각, 2007, 169쪽. 원문을 이해할 수 있도록 윤문하였다. 이후 같은 책 인용의 경우에도 동일하다.

21 같은 책, 175쪽.

22 위와 같음.

23 허남춘 외, 『서순실 심방 본풀이』, 제주대학교 탐라문화연구원, 2015, 159쪽.

24 현용준, 앞의 책, 268쪽.

25 진성기, 『제주도 무가본풀이 사전』, 민속원, 1991, 267-268쪽.

26 자세한 것은 고광민, 『제주도의 생산기술과 민속』, 대원사, 2004 참조.

27 秋葉隆·赤松智城, 『조선무속의 연구 (상)』, 심우성 역, 동문선, 1991, 280 쪽. 뜻이 통하도록 맞춤법, 띄어쓰기, 행갈이 등을 수정하였다.

28 관음사의 부처가 중에게 직접 신탁을 내리지는 않지만, 중이 전하는 말 안에 이미 관음보살의 신탁이 포함되어 있다는 뜻.

5장 손님굿, 탈신탁의 신화와 놀이

1 이능화, 앞의 책, 361쪽.

2 구범진, 『병자호란, 홍타이지의 전쟁』, 까치, 2019, 6장 참조.

3 "咸鏡道正月以後, 痘疫死亡者九百餘人."

4 이능화, 앞의 책, 360쪽.

5 신동원, 『호환 마마 천연두』, 돌베개, 2013, 166쪽에서 재인용.

6　"第四十九憲康大王之代. 自京師至於海內. 比屋連墻無一 草屋. 笙歌不絶道
路. 風雨調於四時. 於是大王遊開雲浦. [在鶴城西南今蔚州.] 王將還駕. 晝歇
於汀邊. 忽雲霧冥瞳. 迷失道路. 怪問左右. 日官奏云. 此東海龍所變也. 宜行
勝事以解之. 於是勅有司. 爲龍刱佛寺近境. 施令已出. 雲開霧散. 因名開雲浦.
東海龍喜. 乃率七子現於駕前. 讚德獻舞奏樂. 其一子隨駕入京. 輔佐王政. 名
曰處容. 王以美女妻之. 欲留其意. 又賜級干職. 其妻甚美. 疫神欽慕之. 變爲
人. 夜至其家. 竊與之宿. 處容自外至其家. 見寢有二人. 乃唱歌作舞而退. 歌
曰. 東京明期月良夜入伊遊行如可入良沙寢矣見昆脚烏伊四是良羅二肹隱吳下
於叱古二肹隱誰支下焉古本矣吳下是如馬於隱奪叱良乙何如爲理古. 時神現
形. 跪於前曰. 吳羨公之妻. 今犯之矣. 公不見怒. 感而美之. 誓今已後. 見畫公
之形容. 不入其門矣. 因此國人門帖處容之形. 以僻邪進慶."『삼국유사三國遺
事』권2 기이紀異

7　허정,「우리나라 질병사 서설 (1)」,『과학사상』43: 133, 2002.

8　송호정,「고려시대 역질疫疾에 대한 연구」,『명지사론明知史論』11·12,
2003.

9　이현숙,「전염병, 치료, 권력: 고려 전염병의 유행과 치료」,『이화사학연
구』34, 2007.

10　1977년 이두현 교수가 동해안 세습무 김석출金石出의 구술을 채록한 자료
인 이두현,「마마배송굿」,『한국문화인류학』41-2, 2008을 뜻이 통하도록
수정했다. 이후에도 같다.

11　같은 논문, 240쪽.

12　명칭에 대한 자세한 논의는 신동원, 앞의 책, 2부 2장 참조.

13　"我是仙桃山神母也. 喜汝欲修佛殿. 願施金十斤以助之. 宜取金於予座下. 粧
點主尊三像. 壁上繪伍十三佛, 六類聖衆, 及諸天神, 伍岳神君. [羅時伍岳. 謂
東吐含山, 南智異山, 西雞龍, 北太伯, 中父岳, 亦云公山也.] 每春秋二季之十
日. 叢會善男善女. 廣爲一切含靈, 設占察法會以爲恒規."『삼국유사』「감
통感通」제7.

14　앞 대목의 "강남은 국이 커서 대국 마련하옵시고 우리 조선 국이 작아 소
국 마련하실 적에"를 참조한다면 "크지 못한 국이라"라고 말해야 한다.
구술 과정에서 발생한 착오로 보인다.

15　김태곤,『한국무가집 3』, 집문당, 1978, 351쪽. 뜻이 통하도록 수정하였다.

16　이두현, 앞의 자료, 239-240쪽.

17　秋葉隆·赤松智城, 앞의 책, 96쪽.

18　신동흔,「코로나 위기에 대한 신화적 인문학적 성찰:〈손님굿〉신화 속
질병신의 속성과 인간의 대응을 중심으로」,『통일인문학』83: 180, 주석
24, 2020.

19 권선경, 「천연두신 무가에 나타난 젠더의 관계 양상과 의미: 동해안 〈손님굿〉 무가를 중심으로」, 『고전과 해석』 30: 158, 주석 15, 2020.

20 이두현, 앞의 논문, 239쪽.

21 이부영, 「한국설화韓國說話에 나타난 치료자원형상治療者原型像: 손님굿 무가巫歌를 중심으로」, 『심성연구心性硏究』 1: 15, 1986. 띄어쓰기를 현대에 맞게 수정하고 한자어에 한글도 병기하였다.

22 김애령, 『듣기의 윤리: 주체와 타자, 그리고 정의의 환대에 대하여』, 봄날의박씨, 2020.

23 호메로스, 『오뒷세이아』(개정3쇄), 천병희 옮김, 단국대학교출판부, 2006, 152쪽.

24 서동욱, 「그리스인의 환대: 손님으로서 오뒷세우스」, 『철학논집』 32, 2013.

25 이두현, 앞의 논문, 239쪽.

26 자세한 것은 나의 저서, 조현설, 『우리 신화의 수수께끼』, 한겨레출판, 2006 참조.

27 이두현, 앞의 논문, 240쪽.

28 같은 논문, 240쪽. 원문에는 '되겠습니다'로 표기되어 있으나 의미를 고려하여 수정하였다.

29 같은 논문, 241쪽.

30 같은 논문, 242쪽.

31 위와 같음.

32 같은 논문, 239쪽.

33 같은 논문, 244쪽.

34 굿판을 비롯한 의례의 참례자들이 의례가 진행되는 동안 서로 영향을 주고받으면서 특정한 의미를 공유하게 되는 현상이 공명이다. 이 개념에 대해서는 조현설, 「여신의 서사와 주체의 생산」, 『민족문학사연구』 18, 2001 참조.

35 '정구치다'를 박경신 교수는 '전구前驅를 치다'로 보았다. '전구'의 사전적 의미는 '(말을 탄) 행렬의 맨 앞에 선 사람'인데 이를 '전염병의 잠복기'로 해석했다. 그래서 '정구치고'를 '잠복기를 거치고' 정도의 뜻으로 풀었다 (박경신, 『울산지방무가자료집 (2)』, 울산대학교 인문과학연구소, 1993, 250쪽). 전구의 의미를 생각한다면, 기마행렬의 선두가 행로를 정리하는 역할을 수행하니 전구를 친다는 것은 마마굿(손님굿)을 해서 손님신들의 행로를 잘 닦아주면 천연두가 잘 지나간다는 뜻으로 해석할 수 있겠다. 역병에 대한 방어와 치료의 의미를 함축한 말이다.

36 이두현, 앞의 논문, 242쪽.

37 같은 논문, 244쪽.

38 태극과 음양의 관계에서 음과 양은 서로를 감싸고 운동하면서 하나의 태극을 구성한다. 이때 음과 양은 이원적인 것이면서도 이원적인 것이 아니다. 음양의 운동태 내부에는 음과 양이 서로 각각을 포함하고 있기 때문이다. '안에 있는 바깥'이라는 개념은 여기서 비롯된 것이다. 손님굿의 구조에서 세존손님은 가신으로 내부적 존재이지만 손님의 일원이 되어 집을 방문하는 존재이기도 하다. 17세기 독일 철학자 라이프니츠는 『주역』 64괘 안에 있는 이진법에 관심을 기울였고, 라이프니츠의 철학은 질 들뢰즈에 의해 재평가되면서 내재성의 철학으로 승계된 바 있다. 들뢰즈가 스피노자의 신체 개념을 발전시켜 알의 비유로, '기관 없는 신체'라는 개념으로 재구성한 것도 태극과 음양의 관계를 서구 철학의 언어로 다시 번역한 결과라고 생각한다.

39 김태곤, 『한국무가집 4』, 집문당, 1980.

40 이두현, 앞의 논문, 245쪽.

41 김구한, 「〈손님굿〉무가의 지속과 변화: 〈손님네 말치레놀이〉를 중심으로」, 『공연문화연구』 29, 2014.

42 심우성, 『마당굿연희본』, 깊은샘, 1988, 55쪽.

43 이두현, 앞의 논문, 243-244쪽.

44 박경신, 앞의 책, 248-249쪽. 띄어쓰기를 수정하였다.

45 윤준섭, 「동해안 지역 별상굿의 제의적 성격과 그 의미: ≪손님굿≫, ≪막동이≫를 중심으로」, 『우리어문연구』 66: 220, 2020.

46 김금화, 『김금화의 무가집』, 문음사, 1995, 137쪽.

6장 신탁 콤플렉스와 전설의 희비극

1 르네 지라르, 『나는 사탄이 번개처럼 떨어지는 것을 본다』, 김진식 옮김, 문학과지성사, 2004, 109쪽.

2 조동일, 『민중영웅 이야기』, 문예출판사, 1992, 57쪽.

3 신동흔, 「아기장수 설화와 진인출현설의 관계」, 『고전문학연구』 5, 1990.

4 이규보, 『동명왕편: 신화로 읽는 고구려의 건국 서사시』, 조현설 역해, 아카넷, 2019, 109쪽.

5 "皇天所以命我者, 御是處, 惟新家邦, 爲君后, 爲玆故降矣. 爾等須掘峯頂撮土, 歌之云: '龜何龜何, 首其現也. 若不現也, 燔灼而喫也.', 以之蹈舞. 則是迎大王, 歡喜踊躍之也." 『삼국유사』 권2 「가락국기駕洛國記」

6 『홍사紅史』(1363), 『한장사집漢藏史集』(1434) 등의 문헌에 기록되어 있는 대하大夏 건국신화에 나타나는 점성술사의 신탁 고지에 따른 왕의 명령이다. 자세한 것은 조현설, 『동아시아 건국신화의 역사와 논리』, 문학과지

성사, 2003, 7장 참조.

7   김영희,「한국 구전설화 속 '부친살해' 모티프의 역방향 변용 탐색」,『고전문학연구』41: 364, 2012.

8   유증선,『영남의 전설』, 형설출판사, 1971.

9   Martin E. P. Seligman, "Learned Helplessness", *Annual Review of Medicine* Vol. 23: 407-412, 1972.

10   비석에 새겨진 전체 이름은 '통정대부만호부공시흥망사비通政大夫萬戶夫公時興望思碑'이다. 부시흥은 숙종 4년 무과에 급제, 통정대부 만호를 제수받았다고 기록되어 있다. 이와 관련된 사실과 허구의 관계에 대해서는 조현설,「부대각의 무쇠방석」,『신화의 언어』, 한겨레출판, 2020 참조.

11   김규래,『아기장수형 부대각 전설 연구』, 서울대학교 대학원 석사학위논문, 2014, 73쪽.

12   호종단胡宗旦은 고려 예종(1106-1122) 때의 귀화인으로, 고려와 탐라의 풍수적 기운을 제압했다는 술사형 인물로 제주의 전설이나 본풀이에 등장하는데 구전 현장에서는 '고종달'로 불린다.

13   조현설,『경북의 설화』, 경북문화재단, 2022, 57쪽.

14   최원석,『사람의 지리 우리 풍수의 인문학』, 한길사, 2018.

15   경덕왕의 아들에 대한 집착에 대해서는 조현설,「천지단절신화의 아시아적 양상과 변천의 의미」,『민족문학사연구』13, 1998 참조.

16   조현설,「해골, 죽음과 삶의 매개자」,『민족문화연구』59, 2013 참조.

17   호남 〈장자풀이〉의 경우는 서사적 원천의 하나를 장자못 전설에 두고 있어 주인공의 문화적 특징과 해골 화소가 나타나지 않는다.

18   손진태, 앞의 책, 31쪽. 띄어쓰기하고 현대어로 바꾸었다.

19   삼단으로 이뤄진 굿상의 상단·중단·하단에 각각 흰쌀을 올린다는 뜻. 실제로는 그렇게 올리지 못하더라도 굿상을 성대하게 차렸다는 관용표현.

20   "현명하도다, 객이여, / 거인의 자리로 가서 / 앉아서 이야기해보자. / 여기에서 머리를 걸고 / 시합을 하자꾸나 / 방랑자여, 현명한 말하기 시합을."(임한순·최윤영·김길웅 역, 앞의 책, 41쪽.)

21   정재민,「연명설화延命說話의 변이양상과 운명인식」,『구비문학연구』3, 1996.

22   「〈삼정승 딸 얻은 단명소년〉」,『한국구비문학대계 1-1』, 한국정신문화연구원, 1979, 494-500쪽.

23   「〈삼정승 딸 얻은 총각〉」,『한국구비문학대계 5-7』, 한국정신문화연구원, 1981, 276-284쪽.

맺는말: 바리데기-심청의 행로와 신탁의 위상

1 조동일, 「〈심청전〉에 나타난 비장과 골계」, 『계명논총』 7, 1971.

2 이진경, 『파격의 고전』, 글항아리, 2016, 24-51쪽.

3 심봉사의 개안을 위한 공양미 삼백 석을 구하는 것.

4 신동흔·고전과출판연구모임, 『프로이트, 심청을 만나다』, 웅진지식하우스, 2010, 145쪽.

5 이유경, 「한국 민담에서 살펴본 여성의 부성 콤플렉스: 〈심청전〉과 〈바리공주〉 중심으로」, 『심성연구』 25-1, 2010.

6 봉사나 소경은 시각 장애인을 낮추어 부르는 말로 인식되어 있으나 소설이 유통되던 시대상을 반영한 말이므로 불가피하게 사용한다.

7 서대석·박경신 역주, 앞의 책, 239쪽.

8 오세정, 「무속신화의 희생양과 희생제의: 〈바리데기신화〉와 〈제석본풀이〉를 중심으로」, 『한국고전연구』 7: 360, 2001.

9 이정원, 「심청전에서 '희생제의'로서의 재물 약속」, 『고전과 해석』 9: 57, 2010.

도판 저작권 및 출처

18   이문건이 손자를 키우며 쓴 『양아록』
      〈양아록〉, ⓒ문화재청 국가유산포털heritage.go.kr(공공누리 제1유형 자료
      편집)

20   유희춘의 『미암일기』와 『미암집』 목판
      〈유희춘 미암일기 및 미암집 목판〉, ⓒ문화재청 국가유산포털heritage.
      go.kr ⓒ미암박물관

26   1990년대 미아리 점집 거리
      〈미아리 점집거리〉(1990.9), ⓒ서울연구데이터서비스data.si.re.kr(공공누리
      제1유형)

27   온라인상에서 흔히 접할 수 있는 점술가, 사주·운세·타로 상담 앱과 사
      이트, 부적 굿즈 (왼쪽부터 반시계방향 순으로)
      유튜브 '무당' 검색 결과 썸네일 중 캡처, ⓒyoutube.com/@babygoddess
      일러스트레이터 최고심의 〈최고심부적〉 상품 이미지, ⓒ최고심
      점술 중개 앱 천명chunmyung.com, ⓒ천명앤컴퍼니
      네이버 eXpert 전문가 상담 '사주 운세' 분야, ⓒexpert.naver.com
      운세 사이트 포춘에이드fortunade.com, ⓒKHOLDINGS CO., LTD. All
      rights reserved.
      타로 챗봇 라마마hellobot.co, ⓒthingsflow Inc. 2023.

34   진령군의 신탁에 휘둘렸던 명성황후와 고종의 초상화

(1808), ©Musée du Louvre. Public domain.

72 오이디푸스 콤플렉스를 창안한 정신분석학자 프로이트
〈Photographic portrait of Sigmund Freud, signed by the sitter("Prof. Sigmund Freud")〉(1921), ©Max Halberstadt. Public domain. (원본에서 사진 부분만 편집.)

79 그리스 델포이 신전 유적
〈Athina Pronaia Sanctuary at Delphi〉, 「Delphi」, 영어 위키백과en.wikipedia.org/wiki/Delphi, ©Luarvick, CC BY-SA 3.0, via Wikimedia Commons

80 델포이 신전의 무녀
John Collier, 〈Priestess of Delphi〉(1891), ©Art Gallery of South Australia. Public domain.

80 신탁을 고지하는 구파발 금성당제의 공수 장면(2019.10), ©조현설

88 〈도랑선비 청정각시〉가 구연되는 망묵굿의 한 장면
이찬엽 만신의 〈함경도 망묵굿〉(2019년 11월 16-17일) 영상youtube.com/watch?v=uIJ7EDn8l-8&t=10s, 서울돈화문국악당 기획공연《2019 대륙시대》, ©이찬엽 ©서울돈화문국악당 ©유튜브 은하수TV@eunhasu-TV

95 홍수신화를 전승하고 있는 나시족의 전통의상
〈美民·色彩 l 不识黑白，无以知纳西〉, 「纳西族」, 바이두 백과사전TA 저술 wapbaike.baidu.com/tashuo/browse/content?id=02c9b573946a98dc821a999d, ©Baidu Encyclopedia

96 오누이 맷돌 굴리기
〈오누이 맷돌 굴리기〉 삽화, ©국립민속박물관emuseum.go.kr(공공누리 제1유형 자료 편집)

99 〈꼬댁각시놀이〉를 연출한 장면
오마이뉴스「전쟁귀신·분단귀신 모두 물러가라」(2002년 9월 14일자) 기사 omn.kr/3bvq, ©서상일

107 극단 북새통에서 만든 어린이 연극 〈가믄장아기〉(2014)의 한 장면

연극 〈가믄장아기〉(2014), ⓒ극단북새통

〈사냥굿 사진〉(2022년 7월 9-10일 서해안 풍어제), ⓒ서해안 배연신굿 및 대동굿 보존회

152 황해도 사냥굿놀이의 사냥 장면(김금화의 만구대탁굿 중)
〈김금화 만구대탁굿 사냥거리(상산막동이)〉(1997년 5월 16-20일), ⓒ국립민속박물관nfm.go.kr/paju/archive/search

157 성공한 아기장수 주몽의 신화를 서사시로 다시 쓴 이규보의 「동명왕편」을 번역하고 해설한 나의 책
『동명왕편: 신화로 읽는 고구려의 건국 서사시』(이규보 지음/조현설 역해, 2019), ⓒ아카넷

161 부천 매봉재의 아기장수바위
「매봉재 아기장수바위 전설」(2017년 10월 22일자) 기사kongnews.net/news/articleView.html?idxno=3821, ⓒ한도훈

161 연꽃으로 덮인 의성군의 신주못, ⓒ조현설

165 구좌읍 평대리 바닷가 도깨동산에 세워져 있는 부시흥망비, ⓒ조현설

169 장군석을 관에서 끊어 장군이 자주 나오지 않는다고 하는 제주 오조리 식산봉
혜럴드경제 「"제주답도다" 마주보는 굴동·토끼섬-우도·비양도」(2022년 4월 5일자) 기사biz.heraldcorp.com/view.php?ud=20220402000124, ⓒ함영훈 ⓒ혜럴드경제

169 식산봉이 보이는 곳에 조성된 어모장군 부유렴 부부의 묘역
「탐라 부유렴의 묘」cafe.naver.com/ehd2828/636, 네이버카페 '석계 풍수지리', ⓒ석계

175 삼시왕과 저승차사에게 바치는 성대한 굿상(2023. 12), ⓒ조현설